NHK趣味の園芸 よくわかる栽培12か月

イチゴ

矢部 和則

目次

イチゴ栽培の手引き 107

摘みたてイチゴのかんたんスイーツ 小菅陽子 56

Column

イチゴの魅力

イチゴ（*Fragaria* × *ananassa* Duch.）は、野菜では数少ないバラ科の植物です。栽培イチゴのもととなった祖先は、北アメリカと南米チリの野生種です。これらがヨーロッパで交配されたもので、日本には江戸時代の末期にオランダ人によって伝えられました。今でもオランダイチゴと呼ぶのはその名残です。

イチゴは、1年に1回花が咲く一季なり性と、四季を通じて咲く四季なり性のものがあります。私たちがふだん食べている一季なり性のものは、秋に日が短くなり、涼しくなると花芽をつけます。さらに寒さが増すと生育が止まり、「休眠」と呼ばれる状態で厳しい冬を耐えながら春を待ちます。春を迎えて暖かくなると「休眠」から覚めて花を咲かせ、赤い大きな果実をつけます。初夏にはランナー（ほふく茎）を伸ばし、その先にたくさんの子苗ができます。家庭で育てれば、このような生育の移り変わりを1年にわたって楽しみながら果実を収穫できます。

イチゴ農家では、そうした性質を上手に利用して栽培しているので、今では11月から5月まで、いつでも新鮮なイチゴが食べられるようになりました。

フルーツ皿いっぱいの朝摘みイチゴや、ケーキに添えられたイチゴの鮮やかな紅色や甘酸っぱい香りは、日ざしあふれる春そのものです。

ほどよい甘みと酸味を備えたジューシーな味覚。家庭菜園でも大の人気

JBP-M.Fukuda

完熟した新鮮な果実をそのまま食べれば、ほどよい甘みと酸味が口いっぱいに広がり、そのジューシーな食感は格別ですし、ビタミンCも豊富です。また、たくさん収穫したときはジャムなどにも利用できます。

白い小さな花にはミツバチが飛んできます。小ぶりな株にたくさんの実をつけるので栽培の場所もとりません。家庭菜園やベランダ園芸におすすめのフルーツ野菜です。

ARS

春から秋まで何度も開花結実する四季なり性のイチゴは、観賞を兼ねてのコンテナ栽培にも最適

ひと口にイチゴといっても

私たちがふだん食べているイチゴは、葉が大きく、果実も20ｇ程度まで大きくなるものがあります。これらの品種や世界中で営利栽培されるほとんどの品種は、フラガリア・アナナッサ（*Fragaria*×*ananassa*）という学名で呼ばれるイチゴ属（*Fragaria*）の同じ種類のものです。

この種類は、ヨーロッパに入った北米原産の野生種でフラガリア・バージニアナ（*Fragaria virginiana*）と南米チリ原産のフラガリア・チロエンシス（*Fragaria chiloensis*）がオランダで交配されたものです。果実がパイナップル（*Ananassa*）に似ているところから、この学名がついています。

●イチゴの仲間と、イチゴ属でない「イチゴ」

このほかイチゴの仲間には多くの野生種があります。代表的なものの一つに小さな果実がつくフラガリア・ベスカ（*Fragaria vesca*）と呼ばれるものがあります。日本にはこの仲間としてエゾヘビイチゴがあります。そのほかノウゴウイチゴ（*Fragaria iinumae*）、シロバナヘビイチゴ（*Fragaria nipponica*）、エゾクサイチゴ（同）などが自生しています。

また、イチゴという名前がついていても、ヘビイチゴ(*Duchesnea indica*)、オヘビイチゴ(*Potentilla kleiniana*)、コガネイチゴ(*Rubus pedatus*)など、バラ科ですがイチゴ属とは種類の異なる（別属

ARS

同じバラ科でイチゴの名はついているが、ヘビイチゴは別属の植物

K. Yabe

ワイルドストロベリーの名で親しまれているフラガリア・ベスカ

K. Yabe

紅花の観賞用イチゴとして栽培されている‘ピンクパンダ’

の）植物も多くあります。

●バラエティーに富む品種群

さて、栽培されているフラガリア・アナナッサのなかには、植物としての種類は同じですが、じつに多くの品種があります。

花の咲き方では、年に1回、春に花が咲いて実を結ぶ一季なり性、春と秋の2回開花して結実する二季なり性、ほぼ年中開花する四季なり性タイプのものがあります。

最近では、食べて楽しむ品種のほかに、花が濃いピンクとなる観賞用の品種など、新しい品種も人気を呼んでいます。さらには、イチゴは、ふつう初夏からランナーと呼ばれるほふく茎を伸ばして子苗をふやす栄養繁殖性植物ですが、果実にはたくさんのタネができるので、これを繁殖に利用できるようにした種子繁殖性のイチゴ品種もつくられるようになりました。

イチゴのライフサイクル

イチゴは家庭でもぜひ育ててみたい人気のフルーツ野菜

最もポピュラーな一季なり性品種のライフサイクルは、季節（温度、日長）とともに大きく変化します。これをよく理解することが、イチゴ栽培を成功させる秘けつです。

●春

寒い冬を休眠状態で過ごしたイチゴの株は、春になって気温が上がり、日ざしが強くなると元気に生育を開始します。芽から新しい葉が次々に出始め、その後花房が伸びてきます。この花房を頂花房と呼び、前年の秋、苗のときに成長点に分化したものです。開花は、平均気温が約10℃を超えると始まり、次々に咲きながら花房も伸びていきます。イチゴは虫媒花で、ミツバチなどの訪花昆虫が花粉を集める際に雌しべに受粉することで果実（正しくは花床がふくらんだもので、果托と呼ばれる）ができます。整った形の果実を収穫するには、雌しべにまんべんなく受粉する必要があります。表面に見える、一般にタネと呼ばれているのが、じつは本当の果実（真果）で、果肉はほとんどなく（痩《そう》果と呼ばれる）、中に本当のタネが1個ずつ入っています。果実は、日ざしを受け、暖かい気温が続くと40～50日程度で赤く色づき収穫できます。

●夏

収穫を終えると、葉のつけ根からランナー（ほふく茎）が発生します。そしてランナーの先には次々と子株ができ、地面に根を下ろしてふえていきます。

秋に植えつける子苗を得るには、栽培後の株から病害虫の発生していない充実したものを選び、親株として育てます。1本の親株から30本以上の定植可能な子苗が発生します。親株から切り離された子苗は、畑や育苗ポットに植えられ、高い気温と長日条件のもとで、4～5枚の緑鮮やかな葉と、直径5～8㎜程度の太い茎（クラウン）を備えた充実した苗に生育します。

●秋

イチゴは、低温や短日を感じることによって花芽を分化する植物です。よく育った子苗は、気温が低下して日長が短くなる秋の訪れとともにクラウンの先端（成長点）に花芽をつけます。その時期は品種や地域によっても異なりますが、およそ9月中・下旬といわれます。

秋本番を迎える10月上・中旬、花芽をつけた苗は、畑やコンテナに植えつけると新しい葉を開いて生育を続けます。さらに日長が短くなり寒さが増すと、新しく出てくる葉はだんだん小さくなり、立ち葉から地面を這うような形になります。この株の姿をロゼットと呼びます。寒い冬を耐えて過ごすのに都合のよい形です。

●冬

イチゴは、寒い冬の間ロゼット状の株の姿で休眠します。休眠中は暖かい場所に移しても、元気よく大きな葉を開いたり、ランナーを伸ばしたりしません。そして5℃以下の低温に一定の期間あうことによって休眠から覚めます。ですから、春から元気よく生育し、大きな花や果実をつけるためには冬の間十分な寒さにあわせることが大切です。

イチゴは寒さに強い植物です。寒さが厳しくなったからといって部屋の中に入れたりするのはよくありません。凍霜害を防ぐためのマルチングや敷きわら、栽培コンテナの簡易な防寒対策を必要に応じて行います。また、乾燥には弱いので、見た目にはほとんど生育しないからといって水やりを怠らないようにします。

開花、結実（4～5月）
春がくると、イチゴは休眠から目覚める。新しい葉が次々と伸び出し、花を咲かせて果実をつける

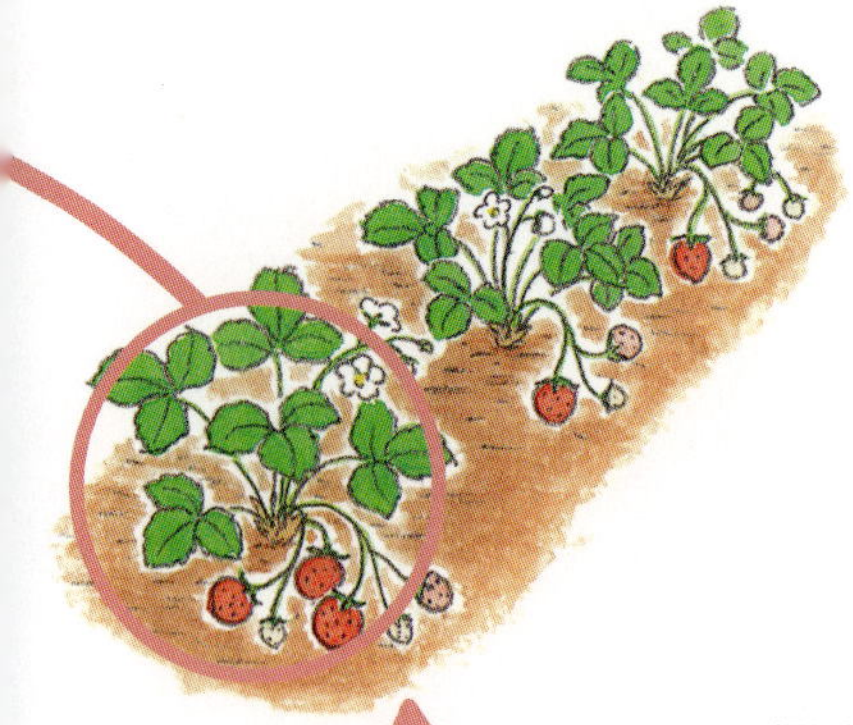

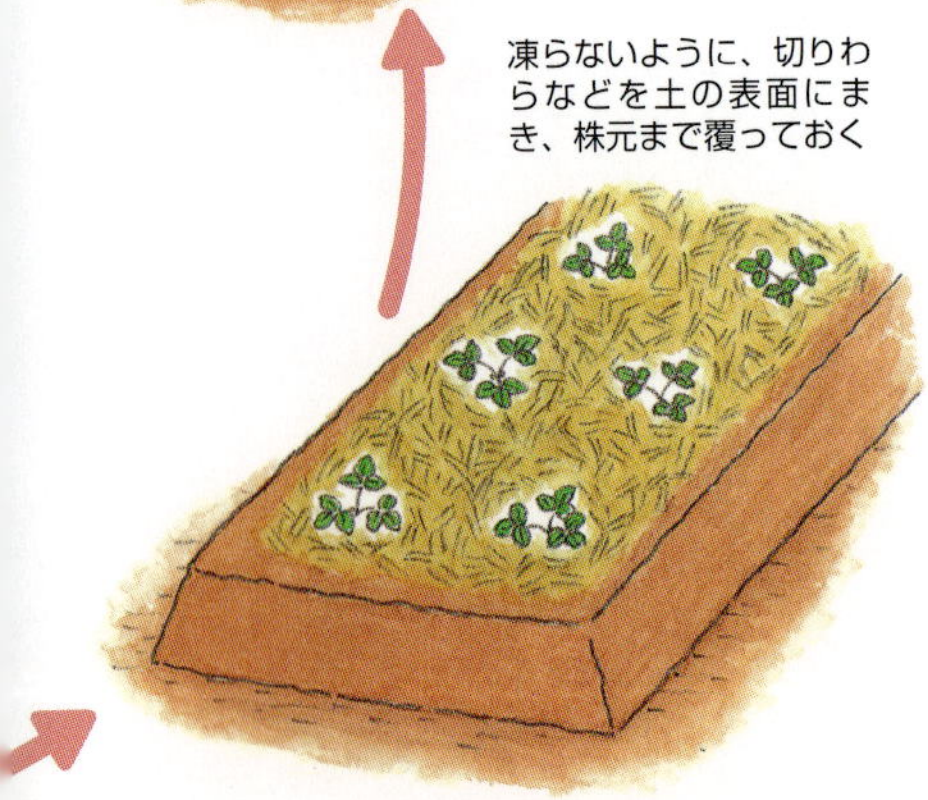
凍らないように、切りわらなどを土の表面にまき、株元まで覆っておく

冬越し（12～2月）
根づいたイチゴは、寒さが厳しくなると葉を小さくし、休眠状態となって冬越しする

イチゴのライフサイクル

収穫後、元気な株を親株として残し、別の畑（親株床）やプランターに植える

親株の育成（6～7月）
イチゴの株は果実をつけたあとはランナーを出して、その先に子苗がつく。秋に植える苗を得るには、この時期に充実した株を選び、親株として育成する

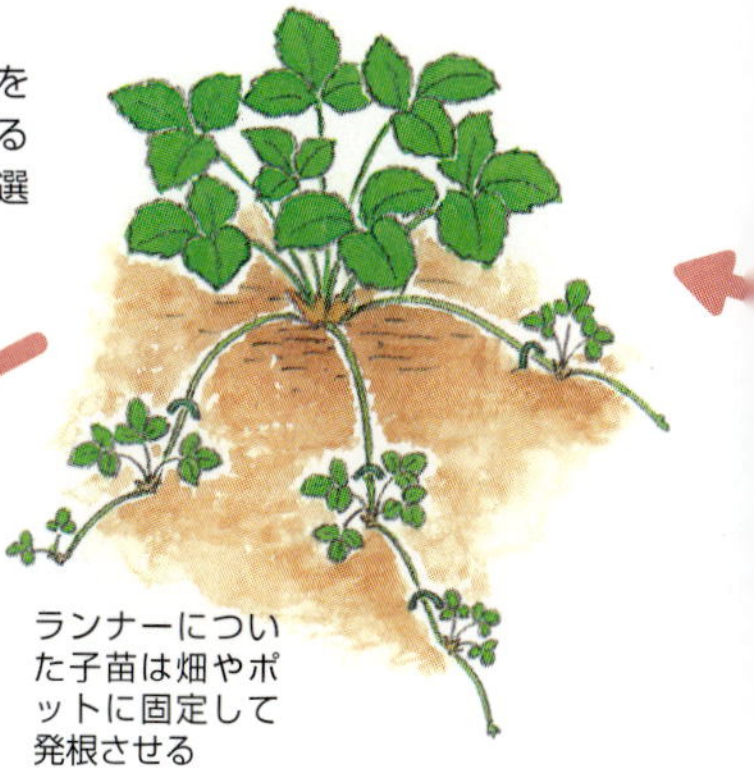

ランナーについた子苗は畑やポットに固定して発根させる

根づくまで寒冷紗で被覆する

子苗の育成（8～9月）
ランナーについた子苗がある程度育ったら、親株から切り離し、ポットに受けたり畑に仮植えしたりして育成する

定植（10月上～中旬）
育成した苗を畑やコンテナに植えつける

A.Eguchi

イチゴの年間の管理・作業暦（関東地方以西基準）

	7月	8月	9月	10月	11月	12月
コンテナ育苗 / 育苗ポット / コンテナ栽培	屋外 雨をよけ、風通しのよいベンチやマルチの上に（苗とり時は遮光下）		屋外の日当たり（秋冷に当てる）	屋外の日当たり（秋冷に当てる）	寒風や霜害を避け、5℃以下の寒さに当てる	
コンテナ育苗 / 育苗ポット / コンテナ栽培	1日2～3回（親株と子苗はこまめに。雨天時は少なめ）		1日1～2回（徐々に少なく）	1日2回（活着まで。以後は徐々に少なく）	培養土が乾いたら晴天の午前に（くみ置き水）	
親株床 / 仮植床 / 菜園	1日2～3回（土はねに注意し、親株と子苗に十分与える）		1日1～2回（残暑の間は十分。徐々に少なく）	1日2回（活着まで十分。徐々に少なく）	畑の表面が乾いたら	
コンテナ育苗 / コンテナ栽培	追肥（液体肥料）		元肥（植えつけ2～3週間前）			追肥
親株床 / 菜園	追肥（液体肥料）		元肥（植えつけ2～3週間前）			追肥
コンテナ育苗・親株床 / コンテナ栽培・菜園	炭そ病・うどんこ病の防除 アブラムシ・ハダニ・コガネムシの防除（発生葉や古葉の摘除）			うどんこ病・灰色かび病の防除（発生葉や古葉の摘除）		
コンテナ栽培			コンテナ・培養土準備	苗の植えつけ / ランナー・古葉・蕾除去		凍害予防（コンテナ被覆）
コンテナ育苗	子苗のポット受け	切り離し				
菜園			畑の準備	定植 / 補植 / ランナー・古葉・蕾除去		凍害予防（敷きわら）
親株床 / 仮植床	ランナーの配置 中耕・除草・摘葉	仮植				

		1月	2月	3月	4月	5月	6月
置き場	コンテナ	**コンテナ栽培** 屋外 寒風や凍結を避け、5℃以下の寒さに当てる		日当たり・風通しのよい屋外（ブロックの上に置き、果実を地面から離す）			**コンテナ親株養成**
水やり	コンテナ	**コンテナ栽培** 培養土の表面が乾いたら晴天の午後に（くみ置き水）		1日1回（午前）		1日1～2回（乾燥させないようこまめに）	
水やり	菜園	**菜園** 畝の表面が乾いたら（晴天の午後、株にかからないように）		1日1回（午前中にマルチングの穴の中に）		1日1～2回（開花後やや多めに）	
肥料	コンテナ		**コンテナ栽培** 追肥（株元から離す）			**コンテナ親株養成** 施肥（栽培株利用時は追肥）	追肥 生育・ランナー発生に応じて液体肥料
肥料	菜園		**菜園** 追肥（マルチング前）			**親株床** 施肥（植えつけ3週間前）	
病害虫の防除	コンテナ／菜園		**コンテナ栽培** **菜園**	灰色かび病・うどんこ病の防除 アブラムシ・ハダニの防除 （発生葉や古葉の摘除）			**コンテナ栽培** **菜園** 炭そ病防除（高温、多湿期）
主な作業	コンテナ	**コンテナ栽培** 凍害予防（被覆）	（切りわら敷き）		開花・受粉 **コンテナ育苗** 親株コンテナ準備	収穫 親株植えつけ	ランナー整理
主な作業	菜園	**菜園** 凍害予防（防風対策）	マルチング（敷きわら）	トンネル保温（早く収穫したいとき）	開花・受粉 **親株床** 親株床準備	収穫 親株植えつけ	ランナー整理 中耕・除草・排水対策

栽培を始める時期と栽培する場所

いつスタートしたらよいか

イチゴを育ててみたいという場合は、いつごろ苗を求めて、どう始めたらよいのでしょうか。苗づくりから始めるか、できあいの苗を求めて始めるかによりますが、イチゴづくりをスタートする時期は、春と秋の2回あります。

●春からのスタート

4月から5月にかけては、家庭菜園やプランターでトマトやナス、キュウリなど、夏の野菜栽培をスタートする時期です。イチゴ栽培でも、この時期は最も楽しみな果実の収穫期ですが、同時に、翌年のための苗づくりの準備を始める時期でもあります。

来年の収穫を楽しみに、まず、どのくらいの面積の菜園を用意したらよいか、あるいはプランターなどのコンテナをいくつぐらい用意したらよいかなどを考えて、計画的にスタートしましょう。

親株を入手して苗づくりから始める　大きくて甘いイチゴを数多く収穫するためのポイントの一つは、昔から「苗半作」といわれるように、健康な苗を育てることです。ですから、本格的にイチゴ栽培をやってみようという場合は、この苗づくりからスタートします。

また、この時期から栽培を始めると、イチゴの1年間のライフサイクルもよくわかります。

一般に栽培されている一季なり性のイチゴは、基本的に栄養繁殖性の作物ですから、苗を育てるには親株が必要です（四季なり性イチゴでは、タネから育てることもある）。初めての方は、園芸店でこの時期に出回る、ポットに植えられた花つき苗を購入して、親株とするのがよいでしょう。

郊外でしたら、近所のイチゴ農家や家庭菜園などで、ちょうどこの時期に収穫を終えた株を譲っていただいて、親株として利用することもできるはずです。

いずれの場合も、病害虫のついていない充実した太い芽のものを選びます。

親株が入手できれば、かなりの数の苗を育てることができます（1株の親株から30本以上の子苗がとれます）。特に、ある程度数多くの苗数が必要な家庭菜園でイチゴづくりにチャレンジする場合は、春の育苗から始めるのが得策でしょう。

●秋からのスタート

暑い夏が終わって秋を迎えると、キャベツ、ハクサイ、ダイコンなど、秋冬野菜のタネまきや栽培に適した時期となります。イチゴは暑さに弱く、寒さには比較的強い植物ですから、株数は少なくても、とにかく一度育てて春に果実を収穫してみたいというときは秋から始めるのがよいでしょう。

市販のポット苗を求めて定植する　春から始める場合は、苗をふやして育てるための親株が必要ですが、秋から始めるときは、家庭菜園でもコンテナ栽培でも、園芸店などで購入したポット苗をそのまま植えつけます。畑で育てる場合はやや多く苗が必要ですが、コンテナ栽培の場合はそれほど苗数がいらないので、購入した苗を利用したほうが手軽で便利かもしれません。

イチゴの苗は、秋になって涼しくなり、日が短くなるこの時期（9月中・下旬）に、ちょうど花芽ができます。苗を購入する際は、やはり生育がよく、病害虫のついていない、充実した太い芽のものを選びましょう。

育てた苗を掘り取って定植する　家庭菜園の育苗床で育てた苗を、知人などから譲り受けたりして利用する場合は、定植する日に苗を掘り取ります。白い根がしっかり伸びた大きめの苗を選びましょう。苗の数が足らないときは大苗、小苗と分けて用います。

苗を掘り上げたら、植えつける前に、古い葉や新しく発生したランナーなどは取り除いておきます。

栽培する場所（露地栽培とコンテナ栽培）

●菜園や庭で育てる場合

菜園や庭で栽培する場合、日当たりと風通しがよいことが第一条件です。日照が不足するような場所では、株は徒長してしまい、花や実のつきも悪くなります。また、風通しが悪いと病害虫の発生も多くなります。

土質としては、腐植質に富んだ地力のある土地を好みます。イチゴは根が浅いので、あまり乾きの激しい土質は不適です。こうした土質の場合は、堆肥を多めに加えるなどして土壌づくりを行い、適度な湿り気を保てる土質に変えておくことが大切です。

もちろん、水はけがよいことも大切です。過湿気味の土地の場合は高畝にし、周囲に排水用の溝を掘ります。

畑での露地栽培。イチゴ本来の収穫期である４月から５月の収穫を目指すなら、ハウスを使う必要はない

ハウス内での促成栽培。ブロックを何段にも積んだこの育て方は石垣イチゴと呼ばれる（静岡県にて）

●コンテナで栽培する場合

それほど多くの果実は収穫できなくても、一度イチゴづくりを経験してみたいという方や、畑は準備できないがベランダでイチゴづくりをしてみたいという場合は、コンテナ栽培ということになります。鉢ならば6号以上のやや大きめのものを使い、プランターなら深さ20㎝ほどのものを目安とします。

このとき大切なことは、1株当たりの用土の量を守るということです。一般的な品種を例にとれば、株が十分に生育できる土の量は、2～2.5ℓです。普通サイズのプランター（長さ約60㎝×幅約20㎝）でしたら、千鳥植えにして3～4株が適当でしょう。

「もう1株ぐらい植えられそうだ」などと、詰めて植えてしまうと、1株当たりの収穫量が少なくなり、小さな果実しかつかなくなります。

ARS

プランターで収穫期を迎えた‘アイベリー’

イチゴの性質を生かした「石垣イチゴ」

静岡県久能山下では、年が明けると「石垣イチゴ狩り」に訪れる観光客でにぎわいます。コンクリート板を積み上げた石垣の合間に植え込まれたイチゴがたわわに赤い実をつけている様子は、見るだけでも楽しいものです。

石垣イチゴの歴史は古く、明治37年ごろに始まったといわれています。当初は文字どおり玉石を積んだ石垣栽培でした。無霜地帯の暖かい南斜面の傾斜地を利用したこの栽培法は、北風が防げ、また、どの株にもよく日が当たります。そのころはもちろんビニールハウスといった設備はありませんでしたから、紙障子を並べるといった簡単な保温を行う程度でしたが、春早い時期からの早出しイチゴが人気を集めたようです。

現在では、縦15㎝×幅45㎝のコンクリートブロック板を使い、50～70度の角度をもたせて土壌と一緒に7段に積み上げるのが一般的な方法です。ブロック板を1段積むごとに、堆肥や元肥を施します。苗の定植は9月上旬で、富士山麓の高冷地で育てた苗を1段おきに4段植えるのが一般的です。ビニールによる被覆は10月下旬に行います。

さて、こうして積んだ石垣は、栽培が終了すると土とともに取りくずして、定植の1か月前にまた積み直します。この積み替え作業は「空積み」と呼ばれます

石垣イチゴは、いわばロックガーデン方式ですが、果房が株の1方向に伸び出るイチゴの性質を上手に生かした栽培法といえるでしょう。日の当たる日中は、ブロック板が太陽熱を吸収して地温を高く保つ効果がありますし、果実もブロック板の上に垂れるので土で汚される心配がありません。平らな畑に比べ、作業も楽です。家庭栽培でも、ちょっと工夫をこらし、こうした立体的な栽培を楽しんでみてはいかがでしょうか。

品種のいろいろ

ARS

‘宝交早生’。やや小粒だが甘みが強く、豊産性でつくりやすい

イチゴの栽培品種はたいへん多く、園芸愛好家向けの種苗カタログには、日本で育種された品種とともに、外国の育成品種も多数紹介されています。

現在、日本で育成され、各地で営利栽培される代表的品種は、‘とよのか’、‘女峰（にょほう）’、‘とちおとめ’、‘章姫（あきひめ）’、‘アイベリー’などです。1985年ごろまでは、‘宝交早生（ほうこうわせ）’、‘ダナー’（アメリカで育成）、‘麗紅（れいこう）’などが多く栽培されていましたが、今ではほとんど見られなくなりました。

また、最近は1地域1品種といわれるくらい次々と新しい品種が生まれています。‘さちのか’、‘さがほのか’、‘レッドパール’、‘サンチーゴ’、‘ピーストロ’、‘濃姫(のうひめ)’、‘紅ほっぺ’、‘北の輝(きたのかがやき)’、‘ペチカ’などユニークなネーミングで、生まれた土地柄を想像させます。

家庭菜園やコンテナ栽培では、なによりも丈夫でつくりやすい品種が適します。園芸店で購入しやすい品種としては‘宝交早生’、‘ダナー’などがあります。

●露地栽培でつくりやすい品種

‘宝交早生’は1960年につくられた古い品種です。生育はよく、ランナーの発生が多い育てやすい品種です。果実はやや小ぶりですが、たくさん収穫できます。甘みが強くて酸味が少ないのが特徴です。

‘ダナー’は、アメリカで育成された品種で

JBP-M.Fukuda

‘女峰’。生育よく、ランナーも多数出て、つくりやすい。主要品種の一つ

‘章姫’。収量が多く、甘い

‘とちおとめ’。糖度が高い人気品種

す。生育がおう盛で、‘宝交早生’より大きな株になります。果実は濃い紅色で、花数はやや少ないのですが、大きくなります。甘みと酸味ともに強く、香りが高いのが特徴です。

‘ダナー’、‘宝交早生’ともに休眠がやや深いので、しっかりと寒さに当てることが大切です。

‘女峰’は、ポピュラーでつくりやすい品種です。生育がよく、株はやや大きくなります。ランナーが多数発生するので、苗づくりも比較的簡単です。花がたくさん咲くため、果実はやや小ぶりとなりますが、数多く収穫できます。寒さにそれほど当たらなくても休眠から覚めやすい性質なので、春先に保温をすると、早くから収穫できます。

‘とよのか’は、主に九州など西の地方で栽培されています。果実は大きく、紅色はやや淡い感じですが、ジューシーでおいしく、香りがた

JBP-M.Fukuda

ARS

'麗紅'。鮮紅色の美しい果実が特徴

いへんよい品種です。ただし、ランナーの発生がやや少ないことや、葉が大きくて葉柄がやや弱いため、株の形が開いたようになる性質があり、家庭菜園などでは少し技術を必要とする品種です。

大きな果実をつける品種として、'キングベリー'、'アイベリー'、'あかねっ娘'、'ウインタープリンセス'、'とよひめ'などがあり、そのいくつかは園芸種苗のカタログで紹介されており、苗を購入できます。いずれも大きな果実をつけさせるためには、株をしっかりつくることが大切です。

以上は、いずれも一季なり性の品種ですが、これらとは別に四季なり性イチゴの品種として、ピンク色の花が咲き、果実が収穫できる'ザ・ヴィバローザ'や'フレール'、白花系の'ザ・ガーデン'などがあります。これらは果実は小型ですが、家庭菜園をはじめ、コンテナ栽培やハンギングポット栽培で、春から秋まで、観賞しながら果実を楽しむことができます。

ARS

‘アイベリー’。代表的な大果品種

JBP-M.Fukuda

‘あかねっ娘’。 平均1果重が20g以上と大果。甘みが強く，多汁質で香りもよい

12か月の管理と作業

イチゴづくりの管理と作業のあらましを月別にまとめました。
ただし、記述は関東地方から関西地方を基準としてあります。
地域によって作業適期が多少ずれることがあります。

ARS

1月

●露地栽培のイチゴは、地表にロゼット葉を這わせて休眠中。
●1月いっぱいは5℃以下の低温にあわせることで、株を休眠から覚めさせることが大切。
●ただし、低温に強いとはいうものの、株が凍るような寒さが続くと枯れてしまうおそれがあるので、霜よけ程度の防寒を。

ARS

'とよのか' は花芽分化が早く、比較的休眠が浅いため、'女峰' とともに西日本では促成栽培の主要品種

真冬の果物として、ハウスで栽培される真っ赤なイチゴは魅力いっぱいです。

ただし、家庭菜園やコンテナに植えられたイチゴは寒さに耐えて休眠中です。こうした露地栽培のイチゴを、春から元気に生育させるためには、この時期に十分寒さに当てておくことが大切です。

主な作業

●防寒

イチゴは寒さに強いので、露地の菜園やベランダのコンテナ栽培などでも、特別な設備なしに冬越しさせることができます。しかし、いずれも凍るような寒さが続くと株が枯れてしまう場合があるので、28ページの図に示したような最低限の防寒は必要です。

菜園の場合もコンテナ栽培の場合も、長さ5cm程度に切ったわらなどで、株元まで土の表面を覆っておきます。さらにコンテナの場合は、北風が当たる場所や冷え込みが強くなる場所を避け、ベランダの壁際や南側の軒下など、日中は日光が当たり、夜は適度の寒さを感じる場所へ置きます。

強い寒さからは株を守る必要がありますが、イチゴは、5℃以下の寒さに一定の時間当たらないと休眠から覚めません（必要な時間は品種によっても異なります。一般に栽培される品種を例にとると、'女峰'は約200時間、'宝交早生'では300～400時間必要といわれます）。

このため、早くから収穫しようとして室内に入れたり、ビニールトンネルなどで保温すると、かえってよくない場合があるので注意してください。1月いっぱいは屋外で5℃以下の寒さに当てるとよいでしょう。

主な管理

●水やり

菜園では、畝全体が白く乾かないように、天気を見ながら適宜水やりを行います。コンテナ栽培の場合は特に、用土全体が乾いてしまわないよう注意します。

なお、水温が低いと地温を下げてしまうので、水やりは午前中の暖かい時間帯に行います。与えるときは、株に水がかからないように気をつけましょう。

凍霜害の予防

適期＝12月下旬〜1月上旬

菜園の場合もコンテナ栽培の場合も、5cmほどに切ったわらなどで株元まで土の表面を覆う。コンテナは、北風が当たる場所や冷え込みが厳しくなる場所は避け、ベランダの奥や建物の南側の軒下など、日中はよく日が当たり、夜は適度な寒さを感じる場所へ移動させるとよい。

不織布をべたがけ（株の上に直接かけること）する*

畝の西側や北側に稲わらなどをさしかけて、風よけとする*

切りわらを土の表面に敷き詰める

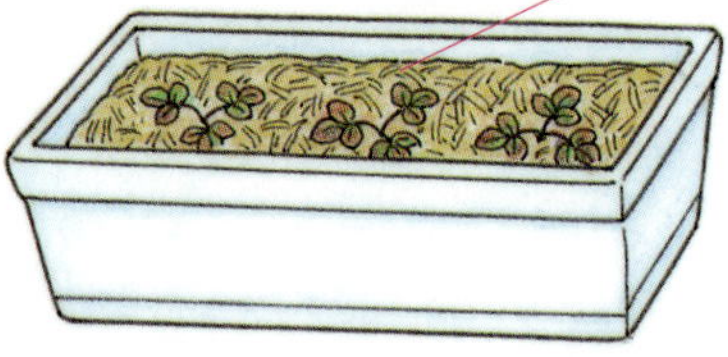

*印はいずれも特に冷え込みが強く、土が凍ったり霜が降りたりしやすい場所の場合。暖地では必要ない。

A.Eguchi

切りわらが入手できない場合は、やや厚手の古布、または3〜4枚重ねた新聞紙などでコンテナを包んで防寒してもよい

JBP-M.Fukuda

ハウスを使っての促成栽培。需要の高いクリスマスを中心とした時期に、収穫の最盛期を迎える

●肥料

菜園では、株の生育を見ながら、2月上旬に行うマルチングまでに1〜2回程度追肥をします。1月下旬は、11月下旬から12月上旬に行う1回目に続いて2回目の追肥を行う適期です。緩効性化成肥料（例・N-P-K=12-8-12の場合で1㎡当たり約30g）か、有機配合肥料（例・N-P-K=6-5-5の場合で同約60g）を施します。肥料は畝の肩の部分を中心に施し、クワなどで通路の土を軽くかいて、施した肥料の上から覆土をします（92ページの図参照）。

コンテナ栽培では、緩効性化成肥料（例・N-P-K=12-8-12の場合で用土10ℓ当たり3〜4g、1株当たりでは約1g）か、有機配合肥料（例・N-P-K=6-5-5の場合で1株当たり約2g）を施します。イチゴは肥料に弱いので、株元から少し離して施すことが大切です。

'女峰'。休みなくなり続ける人気品種。ランナーをよく出し、'とよのか' より発根が早く、苗の生育も早い

2月

- 十分な低温にあった株は、そろそろ休眠から目覚める。
- 春からの生育に備え、地温が下がるのと、土壌が乾くのを防ぐために黒色ポリフィルムを用いて、畝全体にマルチングを施す(その後の水やりは、あいた穴から行う)。
- 古葉や傷んだ葉を取り除き、病害虫の予防に薬剤を散布する。

立春を迎え、寒さも少しずつ和らいできます。冬の寒さに耐えた菜園やコンテナ栽培のイチゴは、ようやく休眠が覚めるので、春から元気に生育させるための準備を始めます。

主な作業

●マルチング

2回目の追肥が終わったらマルチングを行います。マルチングは、地温が下がったり、土壌が乾燥するのを防ぐために行うもので、果実の汚れも少なくなります。さらに、黒色や緑色のフィルムは光を通しにくいので、雑草の発生を防ぐ効果もあります。

マルチングの方法　市販の幅135〜150cm程度の黒色ポリフィルムを用い、風のない日を選んで、畝全体にかぶせるように行います。株の上からかぶせ、株のあるふくらんだところを確かめながらカッターや指で穴をあけ、葉や芽を折らないように注意してフィルムの上に引っ張り出します。

フィルムの周囲はしっかり土で押さえ、風でばたつかないよう、畝の上にもところどころ土をのせておきます。

コンテナ栽培の場合は、同様にフィルムで上面全体を覆い、周囲をひもなどで縛って固定します（33ページの図参照）。

マルチング作業のポイントは、フィルムにあまり大きな穴をあけないことと、畝の上面のマルチにくぼみがあると水がたまりやすいので平らに張ることです。また、ポリフィルムの中に株元がもぐり込んだ状態になると、地際が多湿になったり、わき芽がマルチの中で発生しても摘除できず、病気が発生しやすくなったりするので注意してください。

また、ポリフィルムを使わない簡単なマルチング法として、稲わらを切らずに敷き詰める方法もあります。

主な管理

●水やり

菜園では、畝全体が白く乾かないように、天気を見ながら適宜水やりをします。プランター栽培でも、用土全体が乾いてしまわないよう注意してください。

マルチングを施したあとは、マルチフィルム

ARS

‘章姫’は近年の人気品種の一つ。大果品種で着果数も多い。糖度は‘女峰’と同程度だが、酸度がやや低いため、甘みが強い

のあいた穴から、株に水がかからないように気をつけて水やりします。

特にこの時期の水やりは、水温が低いと地温を下げてしまうので、午前中の暖かい時間帯を選んで行うよう注意します。

●古葉取り

マルチングをしたあとに、折れた葉や古葉を取り除きます。また、下旬ごろから新葉が動き始める時期に合わせて、赤くなった葉や、枯れた葉を取り除いて、株元を清潔にします。

●病害虫の防除

2月下旬から暖かくなるにしたがい、病害虫が発生しやすくなります。

灰色かび病、うどんこ病にはポリオキシンAL水和剤やサンヨールなどを、アブラムシ、ハダニにはマラソン乳剤や、テデオン乳剤、トクチオン乳剤などを散布して防除します。

2
月

マルチング

適期＝2月上旬

地温が下がったり、畝の土が乾燥するのを防ぐために行う。果実の汚れも少なくなり、また雑草の発生を防ぐ効果もある。

●菜園の場合

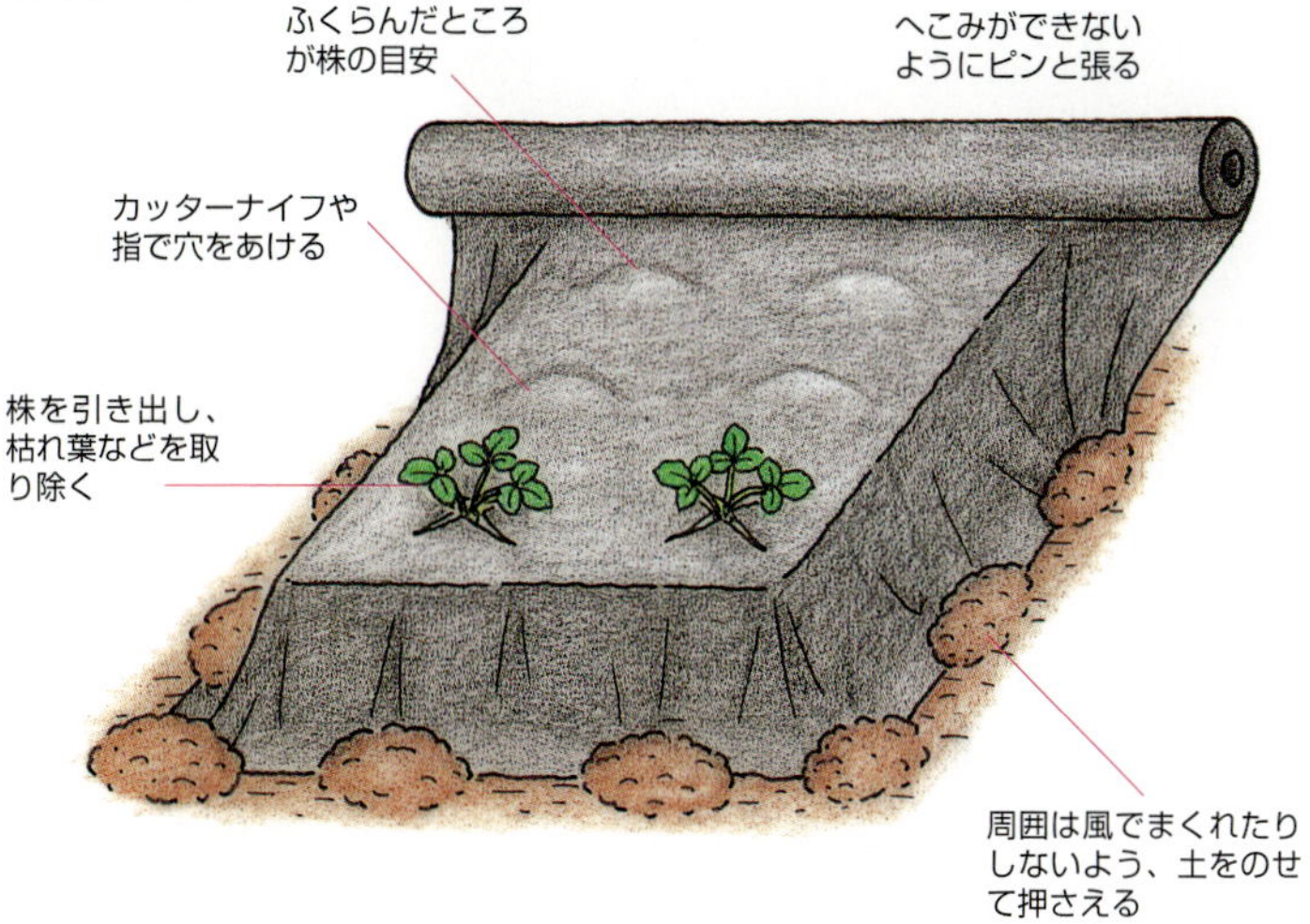
ふくらんだところ
が株の目安
へこみができない
ようにピンと張る
カッターナイフや
指で穴をあける
株を引き出し、
枯れ葉などを取
り除く
周囲は風でまくれたり
しないよう、土をのせ
て押さえる

●コンテナ栽培の場合

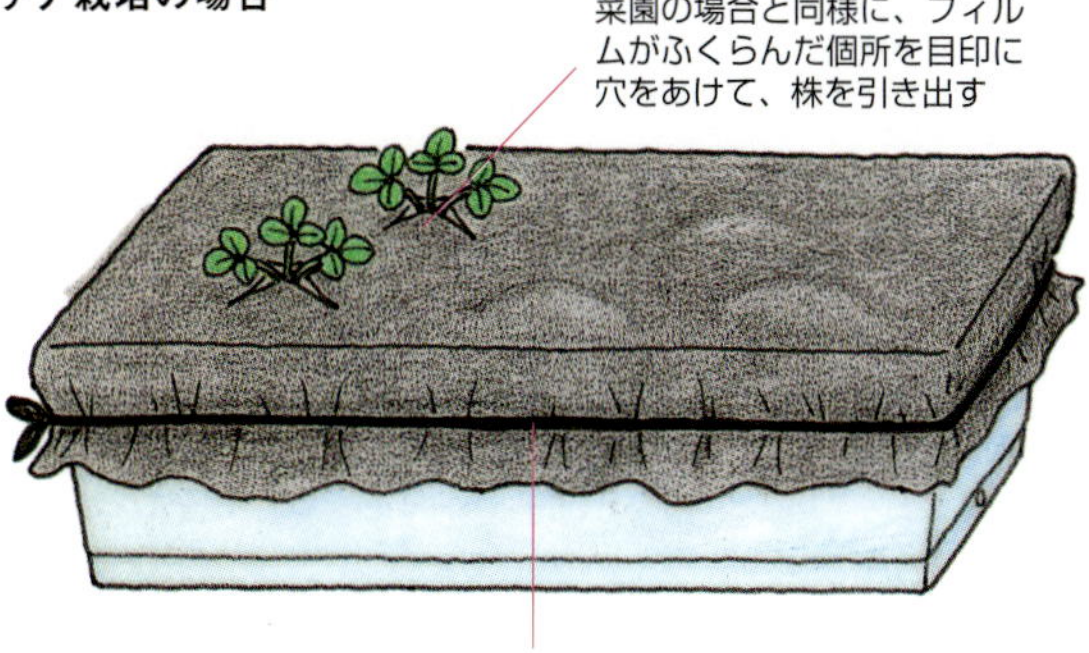
菜園の場合と同様に、フィル
ムがふくらんだ個所を目印に
穴をあけて、株を引き出す
フィルムで上部全体を覆い、ひもで周囲を縛る
A.Eguchi

石垣イチゴ（19ページ参照）の結実

3月

- 休眠から覚めて元気に生育し、待望の花が咲き始める。
- ビニールフィルムによるトンネルがけを行い、保温をすることで、収穫期を早めることができる。
- 立派な果実を得るために、晴天の午前中に人工受粉を行う。
- コンテナは、冷え込みを防げて日のよく当たる場所に移す。

春本番を迎え、イチゴは元気に生育し、待望の白いかわいい花が咲き始めます。一花一花ていねいに受粉させて、形のよい大きな果実をならせましょう。

主な作業

●トンネルによる保温

菜園では、ビニールフィルムなどでトンネルがけをして保温すると、季節を早めて果実を収穫することができます。

市販のトンネル用支柱やプラスチック製ひご

トンネルがけ

適期＝2月下旬〜3月上旬

トンネル用支柱には、市販のものやプラスチック製のひごを用いる。風などで飛ばされないように、フィルムの上からも支柱を立てたり、ひもで押さえたりするとよい。

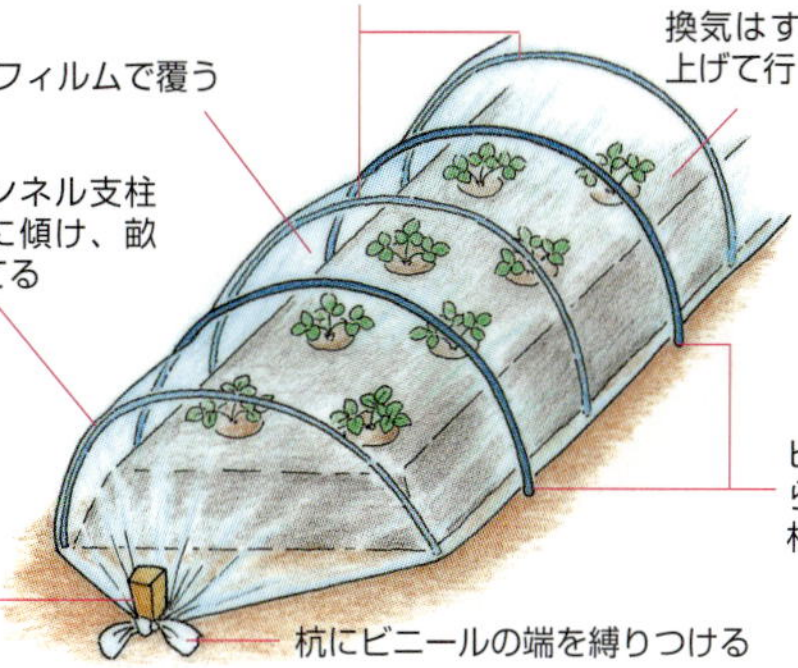

トンネル用支柱をまっすぐ立てる
換気はすそを
上げて行う
ビニールフィルムで覆う
両端のトンネル支柱
はやや前に傾け、畝
の肩に立てる
ビニールの外側か
ら、トンネル用支
柱で押さえる
畝の両端に木
の杭を打つ
杭にビニールの端を縛りつける
A.Eguchi

を畝の肩に差し、ビニールフィルムで覆います。この上から、風などで飛ばないようひもやトンネル用支柱で押さえておきます。

トンネルがけをしたあと、トンネルを閉めきっておくと、温度が高くなりすぎたり、多湿となったりしやすいので、暖かいよく晴れた日には、フィルムのすそを少し上げて換気することを忘れないでください。

●コンテナの移動

1月以降、防寒のために北風や冷え込みを避け、ベランダの壁際や南側の軒下などへ置いていたコンテナは、一日中十分日が当たる、風通しのよい場所に移動させます。

●摘花

3月上旬ごろまでに咲いた花は、よい果実にはならないので早めに摘んでおきます。中旬以降から開花したものを実らせます。

人工受粉

イチゴは、受粉しないと果実が大きくなりません。イチゴの花は、白い花びらの内側に黄色い雄しべとやや黄緑色をした多くの細長い雌しべがあります。

暖かい日には、ミツバチなどの訪花昆虫が飛んできて受粉を手伝ってくれますが、受粉を確実にするには人為的に花粉を雌しべにつけてやることです。

晴天の午前中に、ごく柔らかい習字用の筆やボンボン状の受粉器具などを用い、雄しべと雌しべの上をていねいになでて受粉させてやりましょう。

主な管理

水やり

新葉が元気に伸び出てきます。生育や天気に合わせ、マルチフィルムの穴から、葉や花にかからないよう注意して、十分に水を与えます。春先は、まだ水温が低いので、地温を下げないよう、水は午前中の暖かい時間帯に与えるようにしましょう。

古葉とランナー取り

古葉をこまめに取り除くと、新葉の発生がよくなります。早めに摘除して、株元をきれいにしましょう。また、ランナーも早めに摘み取ります。

病害虫の防除

暖かくなるにしたがい、病害虫の発生が多くなります。

灰色かび病、うどんこ病にはポリオキシンAL水和剤やサンヨールなど、アブラムシ、ハダニにはマラソン乳剤や、テデオン乳剤、トクチオン乳剤などを散布して防除します。

JBP-M.Fukuda

プランター栽培でも、3月に入ると花が咲き始める

3月

受粉を手伝ってくれるミツバチの話

イチゴ、トマトなど果実を収穫する野菜やリンゴ、ウメなどの果樹栽培では、果実をならせるための受粉作業に訪花昆虫が活躍しています。ミツバチをはじめ、シマハナアブ、マルハナバチなどです。

イチゴのハウス栽培では、ミツバチが受粉作業を手伝っています。ミツバチは1匹の女王バチと数千匹から約1万匹の働きバチ、数百匹以上の雄バチで一群をつくり、1つの巣箱に住んでいます。これをイチゴの花が咲き始める12月からハウスの中に入れます。ミツバチの食物は蜂蜜と花粉です。春の野外では数百の花に止まりながら自分の体重の半分近い蜜を集め、これを1日に十数回繰り返すそうです。ハウスの中でもミツバチは開花した花に飛んできて花蜜を吸い、その際、体に花粉がついて雌しべの先(柱頭)に受粉します。そのおかげで形の整った大きな果実が収穫できます。

日中はハウスの温度を、ミツバチが活動しやすい25℃程度に保ちます。花が少ないときや曇りや雨天でミツバチが飛べないときは、巣箱に砂糖液を与えます。また、ミツバチが弱ったり花を訪れなくなるので、薬剤は使わないよう、病害虫の予防にも注意を払います。

花のつき方と受粉

JBP-M.Fukuda

イチゴの花茎は何段かに枝分かれして集散花序となる。最初に開花して結実する頂部の果実（写真中央）を頂果といい、最も大きな果実となる

イチゴの花は、集散花序と呼ばれる規則正しいつき方をしています。春に花房が伸びて花が咲いたときによく見ると、中心の花柄の先端に大きな花が1つついています。その下から2本の花柄が左右対称に伸びて、その先にそれぞれ1花ついています。さらにそれぞれの花の下から花柄がまた2本両側に分かれて伸び、その先に花がつきます。花柄が分かれるにしたがって花は小さくなりますが、1つの花房で15花程度がつきます。品種や育て方によっては数十花の花がつくこともあります。

イチゴの花は、ふつう5枚の萼《がく》と5枚の副萼、白い5枚の花弁をもち、その内側に25～30本の雄しべと、中心に200～400本の雌しべがあります。また、雄しべの基部から蜜を分泌します。イチゴはミツバチなどの訪花昆虫によって受粉が行われる虫媒花です。雌しべがまんべんなく受粉することで形の整った果実が肥大します。訪花昆虫が少ない場合は、開花後3～4日以内に毛先の柔らかい筆などで雄しべと雌しべをやさしくなでて人工受粉します。

受粉の仕方

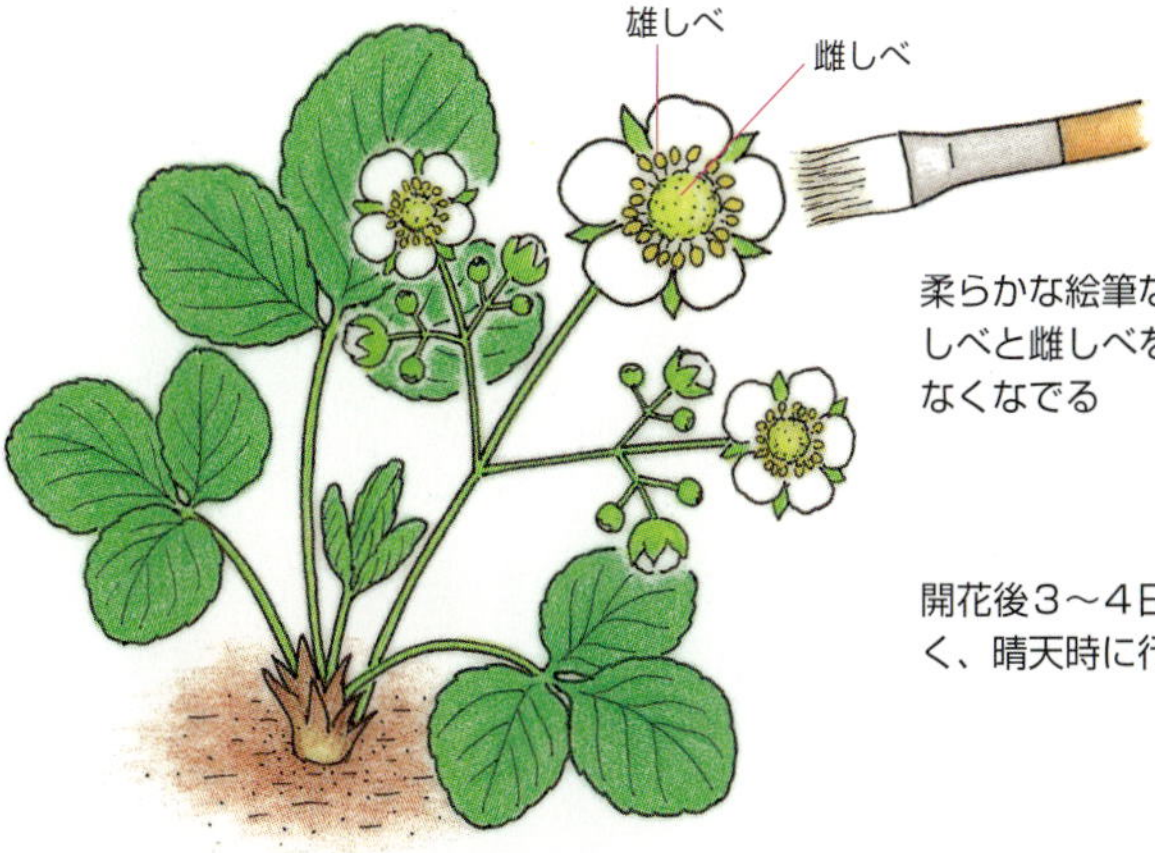

柔らかな絵筆などで、雄しべと雌しべをまんべんなくなでる

開花後3～4日以内がよく、晴天時に行う

A.Eguchi

受粉前の花（上）と、受粉後の花（下）。受粉した花は、雄しべの花粉が取られて黒っぽくなる

イチゴは虫媒花。晴天の暖かい日にはミツバチが花蜜や花粉を集めに飛んできて、受粉を手伝う

イチゴの奇形果。原因はいろいろあるが、受粉が不十分だと奇形果となることが多い

 JBP-M.Fukuda

病害虫の発見と防除のコツ

主な病気

イチゴによく見られる病気は、うどんこ病、灰色かび病、炭そ病、じゃのめ病などです。

それぞれ、以下に紹介したような薬剤で防除に努めます。ただし、同じ薬剤を続けて散布すると、菌に耐性ができて効かなくなったりするので、種類の異なる薬剤を交互に替えて用いるようにします。

●うどんこ病

葉や花、果実に白いうどん粉のようなカビが生えます。葉が波打ったり、花びらが桃色になったりすることもあります。

発病した葉や果実は早めに摘み取ります。収穫期にまん延しないよう、苗床や定植後の株に特に注意して、葉裏など薬剤のかかりにくいところにも、早めにポリオキシンAL水和剤やサンヨール、バイコラール水和剤、フルピカフロアブル、ベルクート水和剤などを散布して予防に努めます。

●灰色かび病

比較的涼しくて雨などが多い湿った季節に発生します。枯れた葉や花びら、果実に灰色のカビが生えます。

病気にかかった果実や古葉などは早めに摘み取ります。また、菜園の水はけをよくしたり、風通しをよくしておくことも予防策の一つです。収穫期にはマルチングや敷さわらをして、果実が地面につかないよう工夫しましょう。

予防薬としては、オーソサイド水和剤、ユーパレン水和剤、サンヨール、フルピカフロアブルなどが有効です。

●炭そ病

苗を育てる梅雨期などによく発生します。クラウン、根、ランナーなどが枯れてしまいます。病気に感染したところがもとになり、雨滴などで菌（胞子）が飛散して広がります。

予防には、親株床の排水と風通しをよくします。また、ビニールトンネルで雨よけをするのも効果的です。ポット苗も、雨がかかりにくく日当たりのよい場所に置きます。ジマンダイセン水和剤やベンレート水和剤、バイコラール水和剤、ベルクート水和剤などを散布して予防に努めますが、それでも病気にかかった苗は、すみやかに抜き取って処分します。

●そのほかの病気

じゃのめ病や輪斑病など、葉が枯れる病気があります。予防策としては菜園の排水をよくし、株と株が込み合わないように広く植えます。

発生した場合は、うどんこ病や炭そ病の防除に用いる薬剤で防ぎます。

花に発生したうどんこ病。花弁が紫紅色に変色する。ビニールなどで覆うと発生しやすく、ハウス栽培で多く見られる

果実に発生したうどんこ病。果面が傷みやすくなり、未熟な果実に発生すると肥大が妨げられ、果色が悪くなって味も低下する

炭そ病。葉枯れ炭そ病とも呼ばれる。葉や葉柄、ランナー、果実に黒い陥没した病斑を生じ、子苗の新葉に次々と伝染する

JBP-M.Fukuda

主な害虫

イチゴを栽培していて被害を受ける害虫には、アブラムシ、ハダニ、コガネムシ類などがあります。また、虫ではありませんが、ナメクジの被害もあります。

●アブラムシ

体長は、1㎜程度の大きさです。イチゴの新芽や若葉などに多くつき、生育が進むと大きくなった葉の裏などにたくさん群がって繁殖します。汁液を吸うので、イチゴの生育が悪くなります。寄生した葉などは縮れ、甘い排せつ物が付着するため、そこに黒っぽいすす病が発生します。

予防策として、菜園では周囲の雑草にも寄生するので除草に努めます。また、アブラムシは白色系の色を嫌うので、きらきらと光るシルバーフィルムでマルチングするのも効果的です。苗の植えつけ時に、植え穴に薬剤を施すなどして、発生の初期に防除することが大切です。

●ハダニ

淡黄緑色や暗赤色をした体長0.4〜0.5㎜の小さな害虫です。雑食性で多くの野菜類や雑草につきます。イチゴの場合も葉裏について汁液を吸います。寄生した葉の表面には、小さなかすり状の白い斑点がたくさん見られます。

高温で乾燥していると急にふえて防除が困難になります。発生の初期にしっかり薬剤（殺ダニ剤）で防除することが大切です。寄生が見られる古葉を早めに摘み取ります。予防策として、アブラムシの場合と同じように、菜園の周囲の草刈りをしておくことも大切です。

●コガネムシ類

苗床で8月から発生し始めます。幼虫は、土の中の腐植質を食べながら大きくなり、イチゴの根をかじります。

予防策としては、有機質肥料を入れすぎないようにします。しおれたり、極端に生育の悪くなった被害株の周囲の深さ10㎝程度のところに幼虫が潜んでいるので、捕殺します。被害によくあう場所では、ポットで育苗したほうがよいでしょう。

薬剤防除として、アブラムシ防除の植え穴処理にはエスピラン、アドマイヤー、ベストガードなどの粒剤、コガネムシ類には、トクチオン粒剤（親株床から仮植床）などがあります。また、植えつけ後から収穫期にかけては、マラソン乳剤、アーデント水和剤、トクチオン乳剤、ベストガード水溶剤、テデオン乳剤、ケルセン乳剤、ニッソラン水和剤などを散布して防除します。

●ナメクジ

誘引して防除するナメクジ専用の薬剤（誘殺剤）があります。水がかからない場所で、ナメクジが出るところに容器に入れて設置します。

K.Yabe

花に寄生したアブラムシ。新芽や若葉などにも寄生して汁液を吸い、被害を与える

H.Nemoto

ハダニの多発被害。多発するとこのように糸を張る。発生初期の駆除が大切

H.Nemoto

コガネムシの被害。根をかじられるので、この株のようにしおれてしまう

H.Nemoto

ナメクジによる果実の被害。果実の表面がかじられたり、軟化したりする

4月

●盛んに開花し続け、果実が成長する時期。
●菜園で育てているものは、開花し始めたら敷きわらをして果実を保護する。開花した花はできるだけ人工受粉を行う。
●コンテナ栽培は日当たりのよい場所で、十分に水を与える。
●翌年の苗づくりのために、そろそろ親株床を準備する。

ARS

畑に植えたイチゴの株から次々と花が上がってくる。そろそろ果実の汚れを防ぐための敷きわらを敷く時期

白い小さな花にはミツバチがどこからか飛んできて、受粉を手伝ってくれます。

イチゴは、栽培期間の長い野菜です。開花、結実した株からは、6月ごろにランナー（ほふく茎）が伸び、子苗ができます。今年収穫した株からは、来シーズンの収穫は見込めません。開花、結実を楽しむと同時に、翌年の苗を育てるため、しっかりした親株を育てる準備も始めましょう。

主な作業

●育苗畑の準備

親株床と用土　ランナーが出る時期が梅雨期にあたるので、畑で親株床をつくる場合は水はけのよい場所を選んで親株床とします。ランナーから発生する根が容易に土の中に伸びるよう、軟らかく保水性の高い土壌が適します。コンテナで栽培する場合、容器は20㎝程度の深さのあるものを用います。用土は、市販の野菜用培養土や、赤玉土6、腐葉土3、ピートモス1程度の配合土を用います。

親株床への元肥　親株を植える3週間前に、1㎡当たり堆肥2kgと苦土石灰100gを入れて耕しておきます。その1週間ぐらいあとに、46ページの図のように幅約2mの畝をつくり、畝の中央部に緩効性化成肥料（N-P-K＝10-10-10）30gを元肥として施します。

　コンテナ栽培では、やはり植えつける3週間ほど前に用土10ℓ当たり苦土石灰10gを混ぜ、その1週間後に緩効性化成肥料3gを施し、用土に混ぜておきます。

畝立て　親株を植える畝の中心部をやや高くし、両側にゆるやかな傾斜をつけます。親株に近い第1ランナーから第3ランナーまでを苗として育てるには、畝の端まで1m程度必要で、その外側に排水溝を掘っておきます。親株どうしの株間は50㎝程度で、1株から30本以上の苗がとれます。畝の長さは、必要な苗数と親株数から決めます。

●親株の準備

　前年から栽培している場合は、収穫の終わった株を掘り上げて親株とします。

　初めて育てる場合や、前年の株に病害虫が発生している場合などは、新たに親株用として園芸店などでポット植えの花つき苗を購入するの

親株床の準備（菜園の場合）

適期＝4〜5月

畑全体の約1/5を親株床にする。ランナーが伸びて根を下ろせるように畝の中心から端まで約1mずつとり、ゆるやかな傾斜をつける。

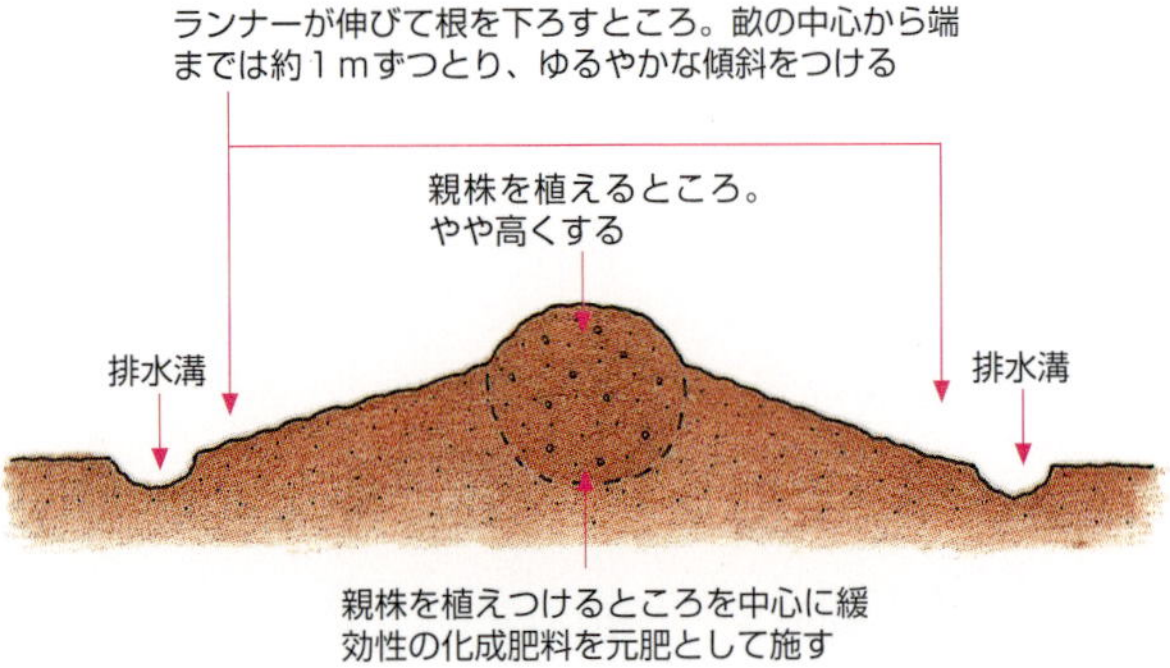
ランナーが伸びて根を下ろすところ。畝の中心から端までは約1mずつとり、ゆるやかな傾斜をつける
親株を植えるところ。やや高くする
排水溝
排水溝
親株を植えつけるところを中心に緩効性の化成肥料を元肥として施す

親株用の苗

親株用の花つきのポット苗（左）と、畑から掘り上げた収穫の終わった株（右）。親株1株からとれる子苗は30株強。畑1㎡当たりで必要な子苗は約10株（ただし、補植用の子苗も必要なので、少し多めに準備しておくこと）。

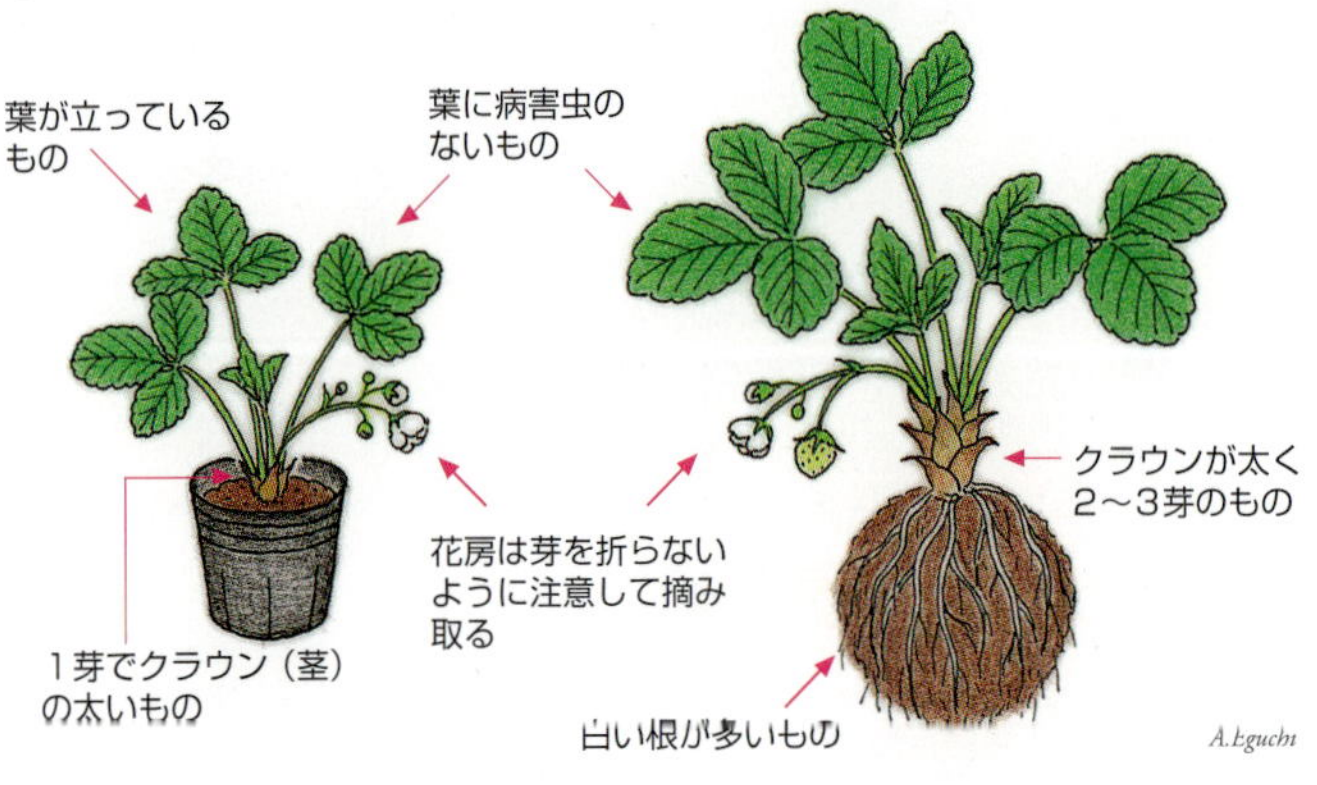
葉が立っているもの
葉に病害虫のないもの
クラウンが太く2〜3芽のもの
花房は芽を折らないように注意して摘み取る
1芽でクラウン（茎）の太いもの
白い根が多いもの
A.Eguchi

がよいでしょう。

また郊外であれば、イチゴ農家や菜園などで収穫を終えた株を、譲り受けて親株に用いることもできます。

いずれも病害虫のついていない、充実した太い茎(クラウン)のものを選びます。

品種を選ぶ 丈夫で露地栽培でも育てやすい品種として'宝交早生'や'ダナー'がありま す。また、果実はやや小さめですが、たくさん収穫できる'女峰'などもおすすめです。

主な管理

●収穫株の管理

畑で栽培しているものは、開花し始めたら株元から花房の先まで、広めにわらなどを敷きます。コンテナ栽培のものは日当たりのよい場所に置き、毎日十分に水を与えます。開花した花は、午前中に柔らかい筆などで、雄しべや雌しべの上を軽くなでて受粉させます(39ページ参照)。

アブラムシやハダニ、うどんこ病などが発生しやすい時期なので注意しましょう。

●苗とり用の親株の管理

購入したポット植えの花つき苗は、畑やプランターの準備ができるまで日当たりのよい場所に置きます。

畑から掘り上げた株は、根が乾燥しないように注意して、植木鉢や庭の隅に仮植えしておきます。いずれも1~2日に1回、乾かない程度に水やりし、小さな蕾のついた花房が伸びてきたら、芽を折らないよう注意して早めに摘み取ります。

親株の入手法

イチゴは、初夏にランナー（ほふく茎）が伸びて、その先端に子苗が次々とできる栄養繁殖性の植物です。菜園やコンテナに植える苗を育てるには、そのもととなる親株が必要です。

最も手軽な入手法は、春に園芸店でポット苗を購入することです。ポット苗には品種名が書かれているので、育ててみたい品種があるときは特に便利です。

また、各園芸種苗会社の通販カタログにもいろいろな品種がのっているので、これを利用すれば欲しい品種の苗が確実に入手できます。

そのほか地域によっては、イチゴ狩りを行っている農家などで収穫を終えた株を譲り受け、親株に用いてもよいでしょう。いずれも病害虫のついていない充実した太い茎のものを選びます。

親株が入手できれば、かなりの数の苗を育てることができます。

T.Mizunuma

収穫が終わりを迎えた株からは、次々とランナーが出始める。こうした株を譲り受けて親株としてもよい

K.Yabe
育苗中のウイルスフリー苗

K.Yabe
養分を含んだ培地に植え込まれた茎頂の切片から、2か月ほどでウイルスフリーの小さな苗が誕生する

ウイルスフリー苗について

イチゴのように栄養繁殖性の植物では、ウイルスに感染した親株からさし芽や株分けなどの方法で苗をふやして育てた場合、ほとんどの苗にウイルスが感染しています。

増殖を繰り返している間に、いろいろな種類のウイルスが感染（重複感染）して、生育が悪くなり、果実が小さくなったりします。

イチゴの場合も、害虫のアブラムシによって感染するいくつかのウイルス病があります。ウイルスに感染した親株から育てた子苗は生育が悪く、症状が重い場合、すくんだような姿になったり、正常な果実が収穫できなくなります。当然収穫量も減少してしまいます。また、いったんウイルス病にかかった株は薬では治せません。これを防ぐには、バイオテクノロジーでつくり出したウイルスフリー苗（ウイルス病に感染していない苗、茎頂培養によるメリクロン苗）を親株に利用して、ランナー子苗をふやします。イチゴ農家の営利栽培に利用されていますが、通販カタログなどで入手できる機会もあります。

5月

●イチゴづくりでは最も楽しい収穫の時期を迎える。
●収穫は、果実全体が赤く色づいたものから摘み取る。野鳥の食害がひどい場所では、防鳥ネットなどを張っておくとよい。
●準備しておいた親株床に、50㎝ぐらいの株間をとって親株を植えつける。植えつけ後は十分に水を与える。

4月からなり始めた果実が赤く色づいてきます。いよいよ楽しみな収穫期です。また、5月に入ると遅霜の心配もなくなります。来シーズン用の苗を得るために、親株を植えつける適期でもあります。

主な作業

●収穫作業

へたまで赤く色づいた果実から収穫します。日の当たる側が赤くても、反対側がまだ白いことがありますから、そっと裏をのぞいてみて、果実全体が赤いことを確かめて摘み取ります。イチゴの果実は表面が柔らかいので、へたの部分から摘み取ると傷つきません。また、果実の温度が低い朝方に収穫しましょう。

防鳥の工夫　菜園では、ヒヨドリなどの野鳥が赤く色づいたイチゴを食べに来ます。こうした鳥による食害を防ぐには、52ページの図のように株の上から防鳥ネットをかけるか、低い支柱を立てて糸を張っておくと効果的です。

●親株の植えつけ

畑の場合　4月から5月上旬までに畑に準備し

収穫株の防鳥対策

適期＝5月～6月上旬の収穫期

作業はいずれか一方でよい。糸張りは防鳥効果はやや劣るが、手軽で株を傷つける心配がない。

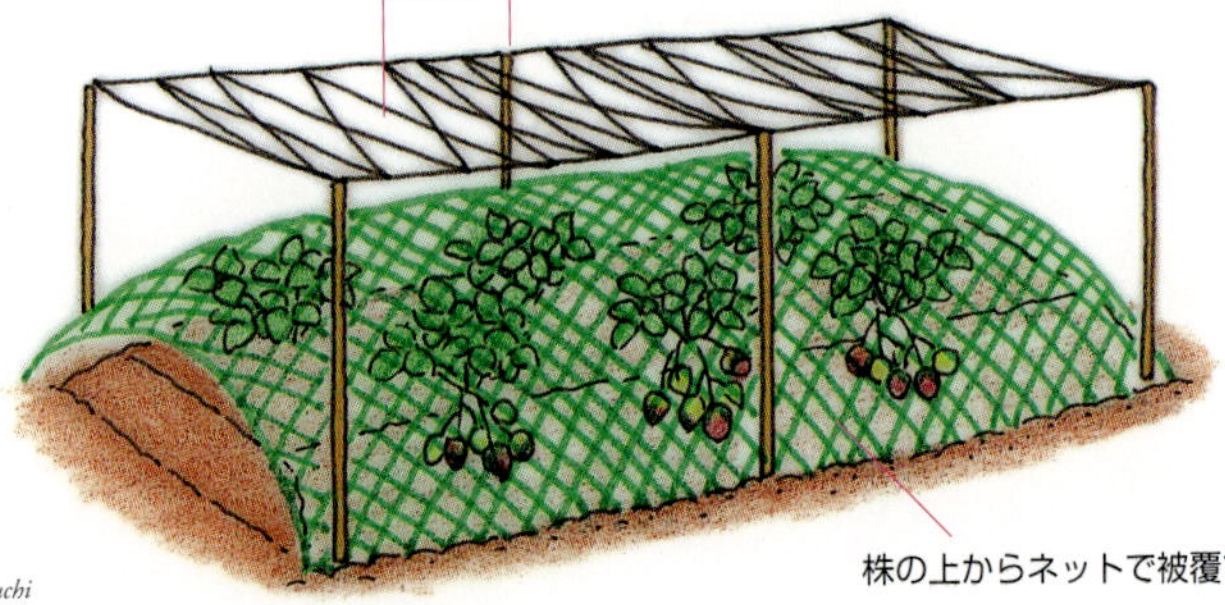
低い支柱を立てて、粗いネット状に糸を張っておく
株の上からネットで被覆する
A.Eguchi

ておいた親株床（46ページ参照）に、園芸店で購入したポット植えの苗や収穫後に掘り上げた株を植えつけます。親株と親株の間は50㎝程度あけ、植え穴にたっぷり水を注いでから苗を植えます。イチゴの根は細いので、植えるときにはていねいに扱いましょう。また、葉のつけ根（クラウンと呼び、茎にあたる部分）が土の中に埋まらないように、やや浅く植えることが大切です。植えつけ後は、畑の土と根がよくなじむよう、株元に十分水を与えます。

コンテナ栽培の場合　親株の株数の目安は、標準の大きさのプランター（幅60㎝×奥行き20㎝×高さ15㎝）で2株程度です。植えつけ方は畑の親株床に準じます。

複数の品種を育てて楽しむときは、'宝交早生'、'女峰'などと、親株ごとに品種名を書いたラベルを立てておきます。

ARS

防鳥ネットを張った例

主な管理

●収穫株

うどんこ病や灰色かび病にかかった果実や葉は早めに取り除きます。

収穫後の株は、病害虫がついていなければ子苗を育てるための親株に利用できます。利用する場合は、果房の残りと古い葉を取り除き、芽がたくさんある株は、太い芽を2～3本残して摘み取ります。

●親株の植えつけ後の管理

植えつけ後の約1週間は、1日に1～2回十分に水やりします。根づいて新しい葉が出始めたら1日1回程度を目安に水を与えます。

よいランナー（ほふく茎）を発生させて元気な苗を得るには、充実した親株に育てることが大切です。親株の周囲に緩効性化成肥料（N-P-K＝10-10-10）を1株当たり20g、10～12

親株床への苗の植えつけ

適期＝5月〜6月上旬

土には植えつける3週間以上前に、苦土石灰と元肥の緩効性化成肥料などを混ぜておく。

○
×
クラウン（茎）が見えるように植える
クラウンが土の中に隠れてはいけない
A.Eguchi

K.Yabe
あかね

親株床に植えつけた親株。品種ごとにラベルを立てて、子苗が混じらないようにする。除草をこまめに行うこと

日おきに1〜2回追肥します。花房が伸びてきたら早めに摘み取ります。ランナーも出てきますが、この時期のものは使いません。この時期から育てると、秋の定植期までに老化してしまうので、つけ根から取り除きます。

タネの数で決まる果実の大きさ

イチゴの花房（果実がつくと果房と呼ばれる）は、2段、3段と枝分かれをして、次々と開花結実します。育ててみると気がつくことと思いますが、1つの果房のなかでも最初に花が咲いて結実する頂果が最も大きく、着果順位が下がるにつれて、どうしてもだんだん小さな実になります。これはイチゴの大きな特徴で、例えばブドウなどでは、同じ果房のなかで、粒の大きさにこれほど差が出ることはありません。

　イチゴの果実の場合、実際に食べる部分は「果托」と呼ばれる部分で、この果托の表面についているゴマ状のものがタネです。タネがたくさんできるほど果托が発達するため、果実は大きくなります。頂果が最も大きい理由は、同じ果房のなかで、頂果が最も数多くのタネを結ぶためなのです。

　できるだけ大きな果実を収穫するには、しっかりした株に育てて充実した花芽を出させることと、受粉を確実に行うことが大切なわけです。

　また、たくさん実がついたときには、先端の小さな果実を早めに摘果してやると、残った果実は大きくなります。

ARS

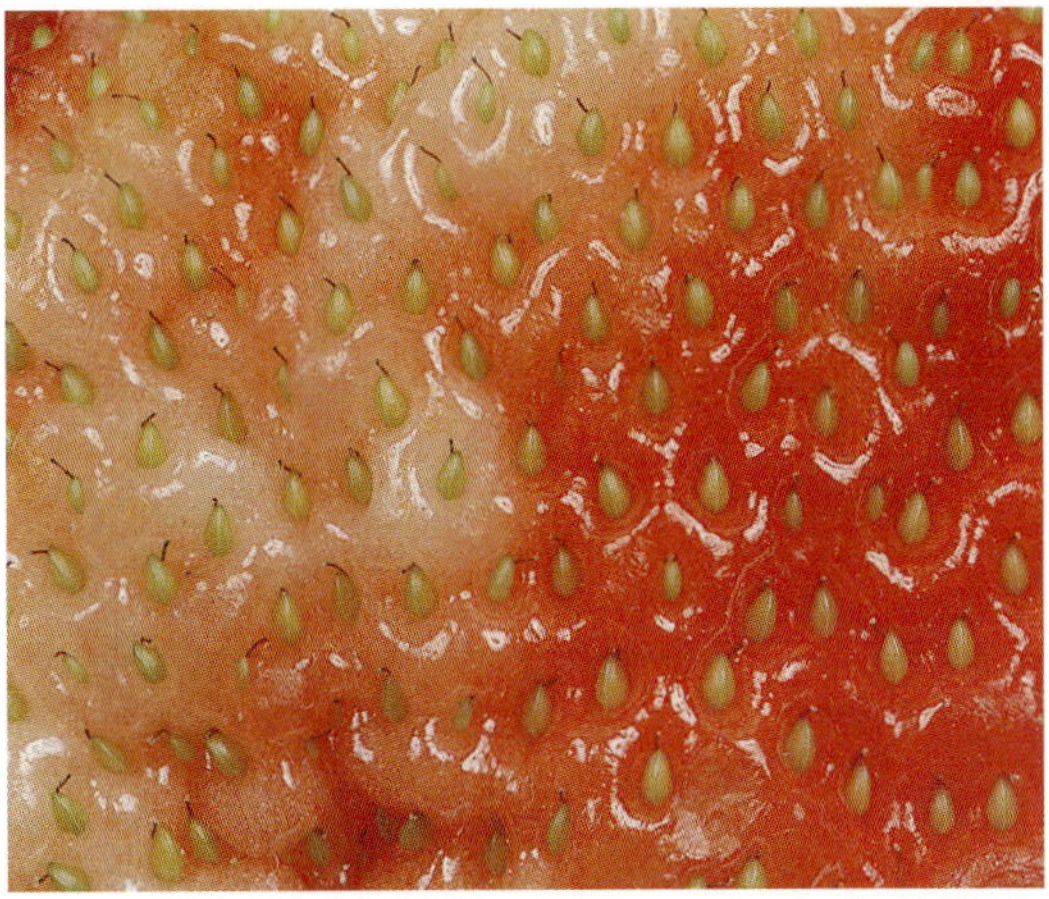

イチゴの果実（じつは果托）の表面についているゴマ粒状のものは「痩《そう》果」と呼ばれるもので、一般にタネと呼ばれるが、実際にはこのそう果の中に各1個のタネが入っている

摘みたてイチゴのかんたんスイーツ

小菅陽子［料理研究家］

果実がたくさんとれたら、ぜひデザートやお菓子にもチャレンジを。
摘みたてイチゴならではのフレッシュな味覚は、市販品では味わえないおいしさです。

イチゴのレモンゼリーマリネ

ひんやりおいしい超簡単デザート。
レモンの風味がイチゴのフレッシュさを引き立てます。

材料（6人分）

粉寒天……2g　水……カップ1½　砂糖……40g
レモン汁……大さじ1　イチゴ……250g
キウイフルーツ……1個
グランマニエ（オレンジリキュール）……大さじ1

作り方

❶なべに粉寒天と分量の水を入れて火にかけ、かき混ぜながら煮溶かす。そのまま火にかけて2分間ほど沸騰させて砂糖を加えて溶かし、レモン汁を加えて流し缶などに流して室温で固める。

❷イチゴとキウイを食べやすく切り、グランマニエであえておく。

❸❶が固まったらスプーンなどでくずし、❷と合わせて冷蔵庫で冷やす。

イチゴかんのミルクソース

イチゴとミルクは最強のコンビ。幸せが口いっぱいに広がるデザートです。

材料（100mlのプリンカップ6個分）

粉寒天……3g　水……カップ1½　砂糖……45g　イチゴ……300g
レモン汁……小さじ1　コンデンスミルク……大さじ3

作り方

❶イチゴはフォークの背などでつぶし、レモン汁を混ぜる。

❷なべに粉寒天と分量の水を入れて火にかけ、かき混ぜながら煮溶かす。そのまま火にかけて1分半ほど沸騰させ、砂糖を加えて溶かす。

❸❶を電子レンジに1分間ほどかけて暖め、❷と合わせて手早く混ぜ、プリン型などに流して室温で固める。

❹固まったら型から出して冷蔵庫で冷やし、コンデンスミルクをかける。好みでミントやイチゴの果実（分量外）を飾る。

イチゴのタルトレット

サクサクの焼きたて生地に、
摘みたてイチゴとできたてジャムを
のせただけのシンプルタルト。
新鮮なイチゴの香りと味が、
思いっきり楽しめます。

材料（直径10cmのタルト型6個分）

生地
バター……100g　砂糖……50g
卵黄……1個分　小麦粉……150～160g
イチゴジャム……大さじ6
イチゴ……50～60粒　粉砂糖……適宜

＊イチゴジャムの作り方は60ページ参照（市販品でもよい）。

作り方

❶バターを泡立て器でかき立ててクリーム状にし、砂糖を加えてよくすり混ぜる。

❷❶に卵黄を加え混ぜ（写真**A**）、ざるなどで小麦粉をふるいながら加えて（写真**B**）、スケッパーなどで切るように混ぜ合わせる（写真**C**）。

❸手でまとめてなめらかな生地にし（写真**D**）、軽くのばしてラップではさみ（写真**E**）、冷蔵庫に入れて30分以上休ませる。

❹休ませた生地をめん棒で3mm厚さにのばし、タルト型に敷き込んでフォークなどで穴を数か所あけ（写真**F**）、180℃のオーブンで約10分間、カリッと焼き上げる。

❺生地が焼き上がったら取り出して冷まし、1個当たりイチゴジャム大さじ1を塗ってイチゴをのせる。粉砂糖をふり、あればアンズジャムを表面に塗る。

イチゴのジャム

食べきれないほど果実がとれたら、電子レンジでパパッとジャムに。
小さい果実や崩れた果実もみんなまとめて、とびっくりの味を保存しましょう。

A

B

C

材料（作りやすい分量）

イチゴ……300g
グラニュー糖……90g*
レモン汁……小さじ2〜3

＊グラニュー糖は果実の糖度や好みで増やしてもよい（果実の重さの30〜50％が目安）。

作り方

❶イチゴはヘタを取って大きめの耐熱ガラスボウルなどに入れ、グラニュー糖を加えてフォークでつぶし（写真**A**）、10分間ほどおく。

❷❶をラップをかけないで電子レンジに入れ、途中5分おきに取り出してアクを取って混ぜながら（写真**B**）、計20〜25分間加熱する。

❸全体に煮詰まってジャム状になればできあがり。最後にレモン汁を加え混ぜて仕上げ（写真**C**）、粗熱を取って保存びんなどに入れ、冷蔵庫で保存する（2〜3週間保存可能。長期の場合は冷凍庫で半年ほど保存できる）。

Jam

イチゴのプリザーブ

ジャムのバリエーション。
果実の形を残して仕上げた、プリザーブタイプです
フレンチトーストやホットケーキに添えれば、
ティータイムやなサンデーブランチにもぴったりです。

材料（作りやすい分量）

イチゴ……300g
グラニュー糖……90g*
レモン汁……小さじ2〜3

＊グラニュー糖は果実の糖度や好みで増やしてもよい（果実の重さの30〜50%が目安）。

作り方

❶イチゴはヘタを取ってホーローや耐熱ガラス製のなべに入れ、全体にグラニュー糖をふりかけて10分間ほどおく（写真**A**）。

❷写真**B**のようにイチゴから水分がでたらふたをしないで弱火にかけ、ときどきイチゴをくずさないように木べらでそっと混ぜながら20〜30分間煮る。

❸煮詰まって細かい泡が立つようになったらレモン汁を加えて仕上げ（写真**C**）、粗熱を取って保存びんなどに入れる。冷蔵庫で2〜3週間程度保存できる。

※カップ1は200ml、大さじ1は15ml、小さじ1は5mlです。また、電子レンジにかける時間は600Wの場合の目安です。

 P/JBP-T.Narikiyo S/S.Ota

6月

●親株から盛んにランナーが発生する。
●遅くに出る花房は早めに摘み取り、株を疲れさせないことが大切。今月中旬ごろまでに発生するランナーは摘み取る。
●親株には、生育の具合を見ながら追肥を行うこともあるが、ランナーの子株が根を下ろす苗床には、肥料を施さないこと。

JBP-M.Fukuda
苗床に根を下ろしたランナーの子株

5月に植えつけた親株は、盛んにランナーを出し始めます。いよいよ苗づくりです。梅雨空が多くなり、気温も高くなってくるので、病気や害虫にも注意が必要です。

主な作業

●ランナーの整理

6月中旬ごろまでに発生したランナーの子株は、定植時期までの育苗期間が長すぎるため、「老化苗」となってしまい、よい花や果実がつきません。そこで早めに親株のつけ根から摘み取ります。苗づくり用には、6月下旬以降に発生する太くて元気のよいランナーを残します。

●除草と中耕

親株床には雑草がよく生えます。親株と親株との間や、ランナーが伸びて子株が根を下ろす苗床の除草をしっかり行いましょう。また、土の表面が硬くなっていると、子株が根を伸ばせないので、除草と同時に軽く耕しておきます。

●ポット育苗の準備

プランターに植えた親株から苗を育てる場合は、直径12cm程度のポリポットで子株を受けて発根させます。このときの用土は、肥料分を含まない配合土（赤玉土6、腐葉土3、ピートモス1）や、肥料分の少ない市販の野菜用培養土などを用います。苗づくりを始める6月下旬には、これらの用意をしておきます。菜園に植えた親株からも同じ方法でプランター栽培用のポット苗を育てることができます。

収穫株の再利用　病気が出なかったプランター栽培の収穫株があれば、親株として再利用できます。1プランター当たり2株に間引き、果梗や古葉を取り除きます。化成肥料（N-P-K＝10-10-10）を1株当たり10gぐらい施して十分に水やりしながら生育を回復させると、元気のよいランナーを発生させることができます。

主な管理

●水やり

イチゴは乾燥に弱いので、畑の親株床は土の表面が白く乾かないよう、こまめに水を与えます。プランターに植えた親株には1日1～2回水やりし、ランナーの発生を促します。

●追肥

親株の葉の色がやや薄く、新しい葉やランナ

イチゴのランナー

ほふく茎あるいはほふく枝ともいうランナー（runner）は、新葉のつけ根にできたわき芽が水平方向に長く伸びる茎の部分のこと。イチゴの場合、昼の長さが長くなり、温度が高くなってくると発生し、親株から2節目以降に子株がつくので、この子株を苗床やポリポットなどに受けて新しい苗を育てる。

●畑の場合

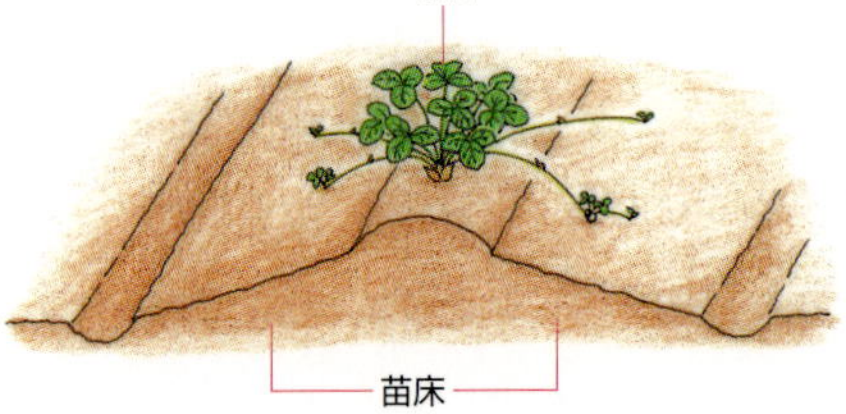

●プランターの場合

いずれの場合も、6月下旬以降に発生した子株を7月から育苗する

ーの発生が悪いときは、早めにN-P-K＝10-10-10の化成肥料を1株当たり10g程度、株元に施すか、N-P-K＝10-10-10の液体肥料500倍液を水やり代わりに施します。

このとき、ランナーが伸びて子株が根を下ろす苗床のほうには肥料が入らないように注意します。苗床に肥料が入ると、苗を傷めたり、発根や根の伸長が悪くなってしまいます。

●病害虫の防除

梅雨期に入ると温度や湿度の高い日が多くなり、病気や害虫が発生しやすくなります。病気では、品種によっても異なりますが、うどんこ病、炭そ病などが発生するので、ジマンダイセン水和剤やトップジンM水和剤などで防除します。害虫はアブラムシ、ハダニ、コガネムシ類などに注意し、マラソン乳剤やケルセン乳剤、トクチオン乳剤などで防除します。

健康な苗を得るためのベンチでの育苗法（空中採苗）

空中に伸び出たランナーの子苗を切り取り、ポットで根づかせたり、写真のように下段のベンチに設けた清潔な苗床で受けて発根させる

イチゴは、夏に親株からランナーが発生し、その先に子苗ができます。家庭菜園やコンテナ栽培では、地植えあるいはコンテナ植えの親株から、地表を這って伸びるランナーの子苗を、育苗ポットで受けて育てます。

このときに注意したいことは、前年も同じ場所でイチゴを栽培していた場合、イチゴの落ち葉や土に残った根とともに病原菌が潜んでおり、水やりや雨のはね上がりによって、親株や子苗に菌が感染する危険があることです。イチゴ農家では、10アール（1000㎡）当たり約8000本の苗を植えるため、病気の発生で苗不足にならないよう育苗には特に注意します。

そこで、病原菌に感染していない健康な苗を育てるために、地表から1.4～1.5m離したベンチを利用する方法があります。親株をこの高いベンチ上のコンテナに植え、ランナーを空中に伸ばして下垂させ、子苗が地表の菌に汚染しないように育つ工夫をしたもので、この育苗法を「空中採苗」と呼んでいます。

6月

7月

●ランナーが盛んに発生する時期。
●ランナーが込みすぎると、子苗が徒長したり、通風不足で病気が出やすくなるので、整理をして配置する。
●ポット育苗は、無肥料の培養土を入れたポットにランナーを誘引し、子苗の発根を促す。

親株から盛んにランナーが出ます。おいしい果実をたくさん収穫する秘けつは、まず健康な苗をつくることです。梅雨どきの冠水や病害虫にも十分な注意が必要です。

主な作業

●ランナーの配置と整理

ランナーが偏って込みすぎると、風通しが悪くなり、病気が出やすくなります。また、子苗も葉が伸びすぎて、いわゆる「徒長苗」ができてしまい、仮植（8月末から9月に行う一時的な植えつけ）のときに傷んだり、消耗しやすくなります。

そこで、畑の場合はランナーが偏らないよう、発生し始めたときから間隔をとってやり、隣から出たランナーと混ざり合わないよう、図のように整理をして配置します。

ポット育苗の場合　ランナーの子苗が2枚目の葉を開いたころ、肥料分を含まない配合土（赤玉土6、腐葉土3、ピートモス1）や、肥料分の少ない市販の野菜用培養土などを詰めた直径12cm程度の黒ポリポットで、子苗を受けて発根

ランナーの整理と配置

適期＝7月

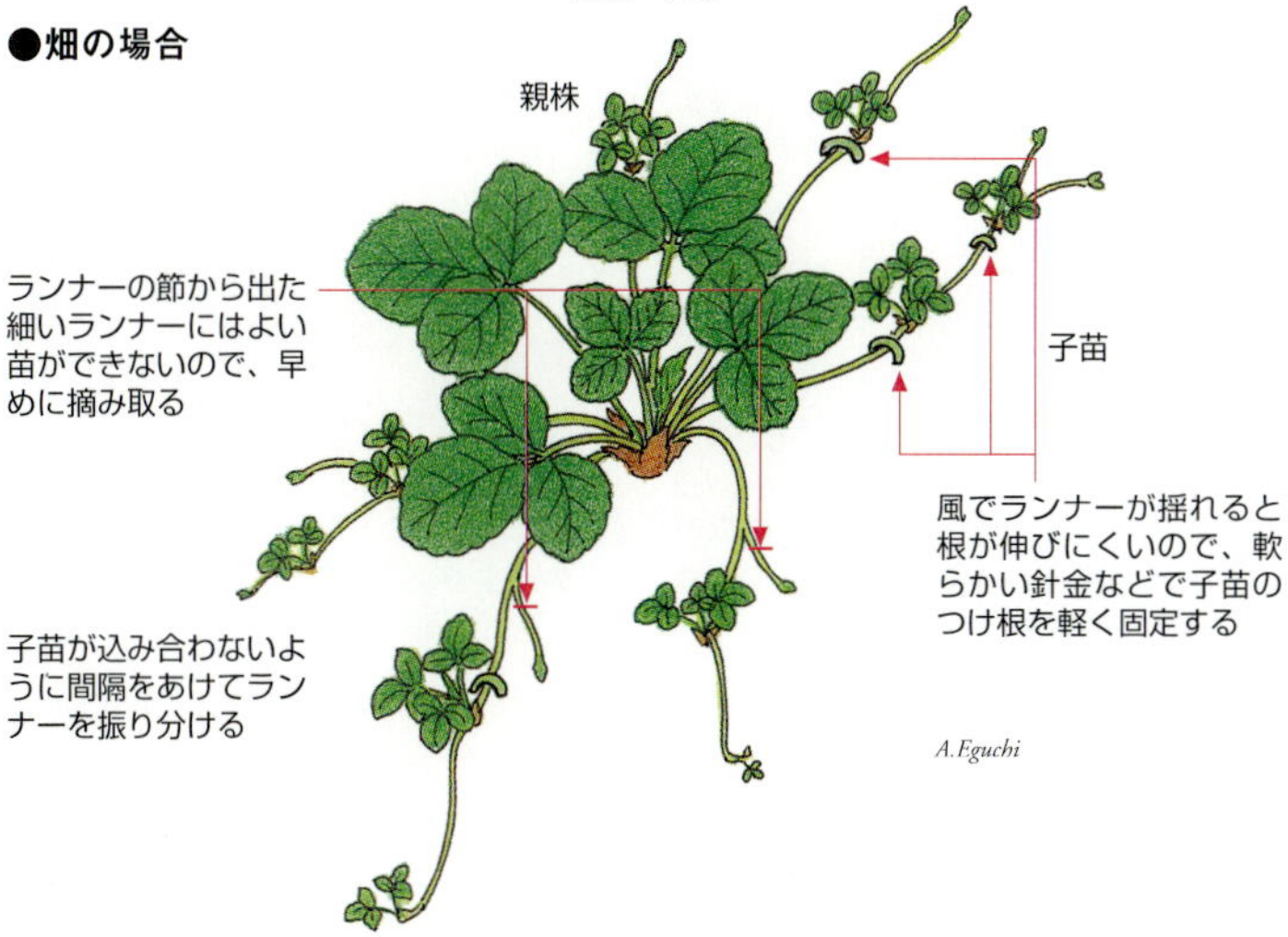
●畑の場合
親株
ランナーの節から出た細いランナーにはよい苗ができないので、早めに摘み取る
子苗
風でランナーが揺れると根が伸びにくいので、軟らかい針金などで子苗のつけ根を軽く固定する
子苗が込み合わないように間隔をあけてランナーを振り分ける
A.Eguchi

させます。

畑と同様に、ポットとポットとの間隔をあけ、ランナーのつけ根を針金で押さえて発根を促します。子苗を受けたポットには、十分に水やりをします。

●除草と中耕

6月に引き続き、畑の親株やランナーの子苗の間の雑草をこまめに除きます。また、土の表面が硬くなっていたら、子苗の根が伸びていけるよう、除草と同時に軽く耕します。この作業を中耕といいます。

●親株床の排水対策

梅雨期の大雨で親株床が冠水すると、子苗の根が腐ったり、苗床の土が流されて土の中に伸びようとしている根が洗われたりします。親株床のまわりに溝を掘るなどして、畑の排水をよくしておきましょう。

畑でのランナーの整理

適期＝7月

7月になると、ランナーが多数発生する。このままでは子苗が込み合ってしまうので整理が必要

ひどく込み合う個所は、ランナーを間引き、できるだけ均等な間隔をあけて振り分ける

ランナーをうまく振り分けたら、隣のランナーと混ざらないよう、U字ピンで地表に留めておく

U字ピンの代わりに、つま楊枝を利用してもよい

ランナーの整理が済んだところ。子苗と子苗との間隔を十分にとったことで、健全な生育が期待できる

ポットでの子苗受け

適期＝7月

用土は、ほとんど肥料分を含まない配合土がよい。子苗を据えたら、U字形に曲げた軟らかい針金で固定する

プランターなど、コンテナに植えた親株から伸び出すランナー子苗は、「鉢受け方式」と呼ばれる方法で苗とりをする。

これは、肥料分を含まない配合土（赤玉土6、腐葉土3、ピートモス1）や、肥料分の少ない野菜用の培養土などを詰めた4号（直径12cm）ほどの黒のポリポットでランナーの子苗を受け、U字ピンなどで固定し、発根を促す方法。この育苗法は、親株床から採苗した苗をポットに植えつける方法よりも、スムーズに活着するので、初心者の方にもおすすめ。

ランナーが込み合わないように、少し離してポットを配置し、十分に水やりを行う

ランナーの子苗は、2枚目の葉が開くころ、4号（直径12cm）のポリポットに受ける

 JBP-M.Fukuda

主な管理

●水やり

イチゴは乾燥に弱いので、畑の親株や子苗にはこまめに水やりをします。プランターに植えた親株とポットに受けた子苗には1日1～2回水を与えます。

水やりは、株の頭から勢いよく水をかけると、葉が傷んだり、はねた泥が株について病気が出やすくなるので、株元に静かに与えるよう注意します。

●追肥

親株の葉の色がやや薄くなったり、新しい葉や子苗の発生が悪かったりしたときは、水やり代わりに液体肥料（N－P－K＝10－4－8）の500倍液を施します。

この際、ランナーが伸びて子株が根を下ろす苗床や子苗を受けるポットには肥料が入らないように注意します。

●病害虫の防除

梅雨期です。病気や害虫の発生には十分注意しましょう。うどんこ病、炭そ病などは、ジマンダイセン水和剤やトップジンM水和剤などで防除します。害虫では、アブラムシ、ハダニ、コガネムシ類などが発生しやすいので、マラソン乳剤、ケルセン乳剤、トクチオン乳剤などで防除します。

なお、炭そ病の予防には、親株床をビニールトンネルで雨よけをしておくのも効果的です。ポット育苗の場合も、雨がかかりにくい、日当たりのよい場所に置くなど、対策を講じておきましょう。

イチゴの高設栽培

家庭菜園やコンテナ栽培でイチゴを収穫できたときはうれしいもので、苗づくりや畑での栽培管理の苦労は忘れてしまいます。しかし、畑やコンテナに植えた株は、育っても草丈25㎝程度の大きさです。苗とり、植えつけ、古葉やランナーの摘み取り、病害虫の観察、受粉、収穫など、いずれの作業も座った姿勢で移動しながら行わなければなりません。長い時間同じ姿勢での作業はたいへん疲れます。

そこで、イチゴ農家では、立った姿勢で楽に栽培管理ができる高さまで、植えつけベッドやコンテナ（プランター）を持ち上げる「高設栽培」を取り入れています。また、培養土にはロックウールや、バーミキュライト、ピートモス、木の皮、ヤシ殻などいろいろの資材を配合したものを用い、水やり代わりに液体肥料を施す「養液栽培」を組み合わせ、品質のよいイチゴを楽にたくさん収穫できる工夫をしています。目の前に果実がなるので、色づき具合や食べごろがよくわかり、楽に収穫できるので、イチゴ狩りの入園者にも喜ばれています。

JBP-M.Fukuda

8月

●ランナーの子苗がすくすくと成長して発根する。
●中旬までに仮植床を準備しておき、下旬から9月上旬にかけて子苗を切り離して仮植する。
●日ざしと暑さが厳しい時期。イチゴは乾燥を嫌うので、親株や子苗の水やりには十分注意すること。

ランナーの子苗とり

ポットで受けた子苗。白い根が多数発生している。親株から切り離しても大丈夫

JBP-M.Fukuda

根が多く株が大きすぎると、仮植による植え傷みが大きいので、苗が十分にあるときは利用しない

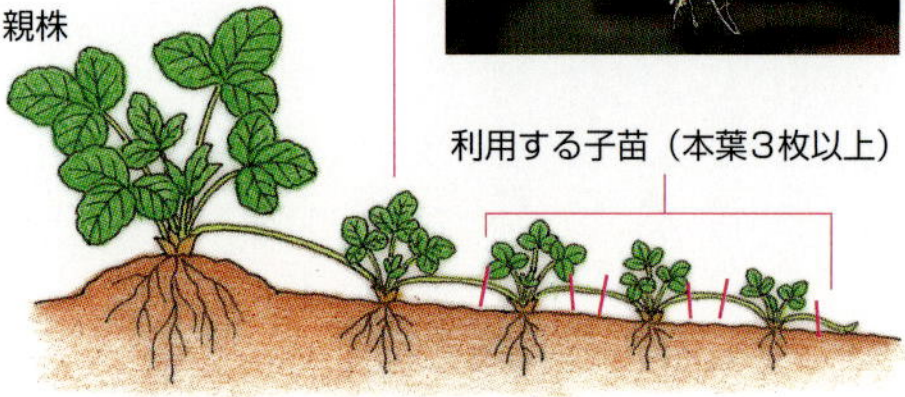

日ざしが強く、暑さの厳しい時期なので、高温と乾燥に気を配ります。ランナーの子苗の発根や生育に注意し、よくそろった苗に育てましょう。

主な作業

●仮植床づくり

親株床で発根した子苗は、親株とランナーでつながっています。しかし順調に成長すれば、8月末から9月上旬には十分に根づき、ランナーを切り離してもしおれることなく、十分自分

の力で生育できるようになります。苗の大きさや質をそろえ、花つきのよい苗に育てるために、この段階でランナーから切り離しますが、畑の場合は掘り上げて仮植（よい根群の苗に育てるための一時的な植えつけ）を行う必要があるので、8月中旬までに仮植床を準備します。

仮植床には、保水性や保肥力の高い粘土質の土よりも、水管理がしっかりできるやや砂質の土が適します。肥料分が少し残っている夏野菜の跡地を利用するのもよいでしょう。8月中旬までに1㎡当たり完熟堆肥を1〜2kgと、化成肥料（N-P-K=14-8-13など）を100g前後施しておきます。イチゴは多肥に弱く、多すぎると子苗の活着が悪かったり、株が伸びすぎたりするので、施しすぎないよう注意しましょう。

仮植床の畝幅は、50〜80cm、高さは約10cmとします。

●ランナーの子苗とりと仮植

ランナーの子苗は、親株に近いものは大きく、先端にいくほど小さくなります。生育をそろえて管理が容易に行えるよう、一番親株に近い育ちすぎた子苗や先端近くの発根してまもない子苗は避け、親株から数えて2番目から4番目の、本葉が3〜5枚程度ついている子苗を選びます。8月末から9月上旬に、植えつける際の目印として親株側のランナーを2cm程度残して切り離し、子苗側のランナーはつけ根から外して、ていねいに掘り上げます。暑い時期なので、根が乾燥したり苗がしおれたりしないように注意しましょう。

掘り上げた子苗は、古葉を除いて本葉3枚程度にします。目印として残したランナーの向きをそろえて仮植床に差し込むようにして植えます。株間は15cmとし、葉のつけ根（クラウン部）

が土の中に埋まらないようやや浅植えにします。植えつけ後は十分に水を与え、寒冷紗などで日よけをしておきます（78〜79ページ参照）。

●ポット苗の切り離し

ポットに受けて発根させた子苗は、本葉3〜5枚程度に育っています。畑の場合と同様に、親株とランナーでつながっているので、株元から2cm残して切り離します。いつまでもランナーでつながっていると、苗の大きさにばらつきが出、花つきも遅れます。先についている子苗側のランナーは株元から摘み取ります。

●除草と古葉取り

畑の親株や子苗の間をこまめに除草します。同時に、親株や子苗の枯れ葉を取り除きます。

主な管理

●水やり

イチゴは乾燥に弱いので、親株や子苗の水やりに十分注意します。特にプランターやポットで育てている苗は、1日2〜3回、こまめに水を与えます。

●ポット苗への追肥

ポットで受けた子苗は、約1週間で太い根が鉢土に伸び始めます。肥料を含まない用土で植えてある場合は、8月中旬ごろまで生育を見ながら液体肥料（N-P-K=10-4-8）の300〜500倍液を1週間に2回程度、水やり代わりに施し、大きさのそろった苗に育てます。

●病害虫の防除

うどんこ病、炭そ病などをジマンダイセン水和剤、トップジンM水和剤などで防除します。害虫で出やすいのはアブラムシ、ハダニなどで、これらはマラソン乳剤、ケルセン乳剤、トクチオン乳剤などで防除します。

ポット苗の切り離し

適期＝8月末～9月上旬

親株から発生したランナーの子苗をポットで受けて育成してきたものも、8月末から9月上旬には十分に根を張って、切り離しの時期を迎える。

ポットに受けて育成してきた子苗。順調に生育し、8月末ごろには根もしっかり張ってくる

子苗から発生した弱々しいランナーは不要なので元から切り取る

親株側のランナーを切り離す。植えつける際の目印として、株元から2cmほどを残して切ることが大切

先の子苗側のランナーは、元から切り取る

ランナーの切り離しが済んだポット苗。さらに育成し続け、10月上旬から中旬に畑やプランターに定植する

 JBP-M.Fukuda

子苗の掘り上げと仮植

適期=8月末～9月上旬

掘り上げ　菜園では8月中旬までに仮植床を用意しておく。子苗が自力で生育できるようになった8月末から9月上旬に親株から切り離して掘り上げる。

苗床に根を下ろして育ったランナー。そろそろ十分に根を張って、自力で生育できる苗に育っている時期

子苗のつけ根を持って、しっかり根づいているかどうかを確認する

十分に根づいているのを確認したら、親株側のランナーを2cmぐらい残して切り離す

根を傷めないよう注意しながら、スコップで苗を掘り上げる

先端側のランナーは、つけ根から切り取る

掘り上げた子苗。後方に短く残したランナーが、植えつける際の目印となる

植えつけ　ランナーを切り離して掘り上げた苗は、すぐに準備しておいた仮植床に植えつける。根づくまで寒冷紗などで日よけをしておくとよい。

トンネル支柱の上から、50％遮光の寒冷紗をかけておく

準備しておいた仮植床に、苗床から掘り上げた苗を植えつける

●仮植床

畝は高さ約10cm、幅50～80cm。株間は約15cm

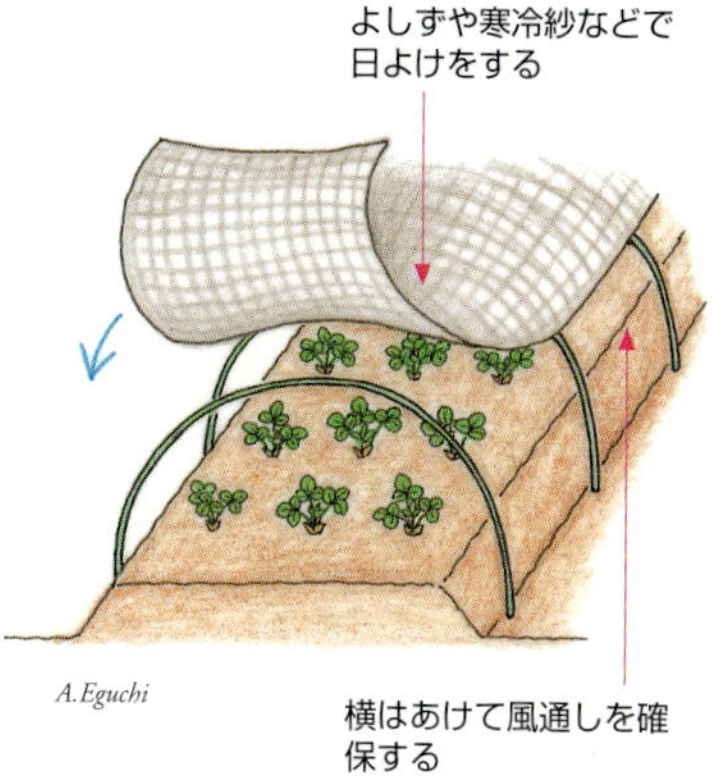

植えつけ間隔は15cmぐらいが適当。クラウン部が埋まらないよう、やや浅植えがよい

苗が活着するまでは日よけが必要。そこで、畝をまたぐようにトンネル支柱を立てる

9月

●少しずつ涼しくなり、日が短くなるにつれ、仮植床やポットで育苗中の苗に、花芽が分化する。
●10月の定植に備え、畑やコンテナの準備を行う。
●締まった株に仕上げるために、下旬に入ったら少しずつ水やりを少なくする。

暑さも峠を越え、少しずつ涼しくなります。日の長さも秋分の日を境に、昼の時間より夜のほうが長くなってきます。イチゴは、低温と短日によって花芽ができます。仮植床で苗をしっかり育てて、充実した花芽をつけさせましょう。

主な作業

●畑の準備

菜園では、10月に行う定植（最終的な植えつけ）のための畑の準備にかかります。仮植床と異なり、水分や肥料を保ちやすい、粘土分のやや多い土壌が適します。

植えつけをする3～4週間前に完熟堆肥を施し（1㎡当たり1.5～2kg）、できるだけ深く耕しておきます。さらに2週間前までに、苦土石灰（同100～120g）と熔リン（同50g）、緩効性化成肥料（N‐P‐K＝12‐12‐12のもので同約100g）を施します。イチゴは多肥に弱く、肥料を施しすぎると定植苗の活着が悪かったり、株が徒長するので注意します。

畝立ては、左ページの図のように畝幅120㎝、高さ約15㎝でやや高畝とします（畑の向きや条

畑の条件と畝の立て方

定植のための畝立てが済んだところ（畝幅約120cm、高さ約15cm）

●南北に長い畑の場合

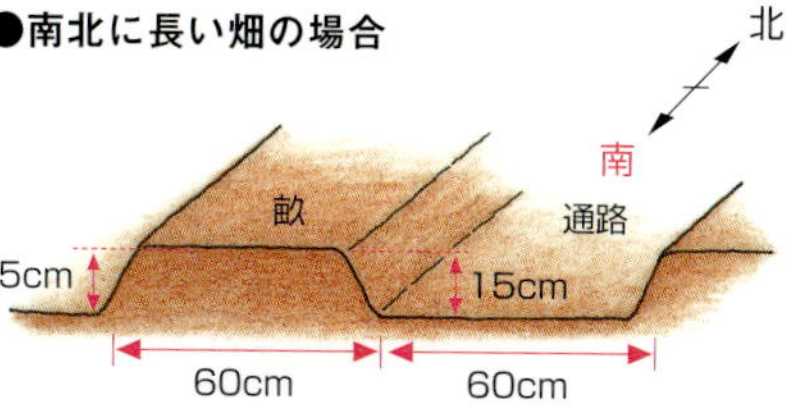

●東西に長い畑の場合

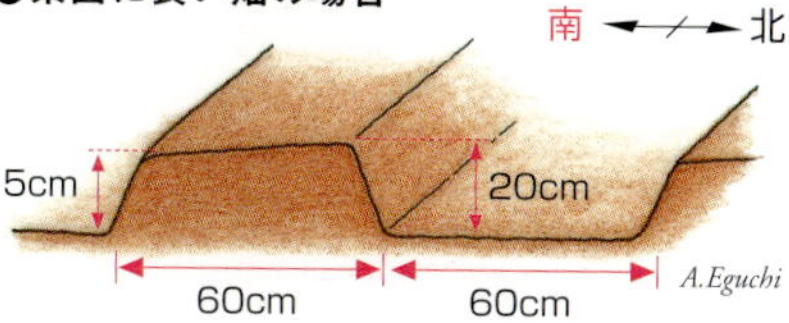

北側を高くして、南向きにやや傾斜をつける

件によっては形を工夫します）。畑の周囲には溝を掘るなどして排水対策も講じておきます。

●コンテナ栽培の準備

栽培用のコンテナは、市販の幅60〜70cmのプランターや、排水用の穴をあけた発泡スチロール製の容器などで、深さ20cm程度のものを用います。

培養土は、腐葉土などの有機質を多めに含む水もちのよい土が適します。市販の元肥入りの野菜用培養土や、赤玉土（小粒）6〜7、腐葉土3〜2、ピートモス1の割合で混合したものを用意します。無肥料の配合土を使う場合は、用土10ℓ当たり苦土石灰10〜12g、熔リン5gを加え、さらに緩効性化成肥料（N-P-K＝12-12-12のもので10g程度）を施します。畑の場合と同様に、元肥は施しすぎないよう注意します。特に、有機配合肥料を用いる場合は、水やりをして土壌水分を保ち、定植するまでに少しずつ有機質の分解を進めておくことが大切です。

主な管理

●水やり

イチゴは乾燥に弱いので、残暑が続く間は仮植苗が乾燥しないように気をつけます。ポットで育てている苗には、1日2回程度を目安に、こまめに水を与えます。

ただし、下旬に入ったら、定植に向けて締まった苗に仕上げるため、水やりを徐々に少なくします。

●追肥

苗の生育が悪く、葉の色も薄くて元気がない場合は、液体肥料（N-P-K=10-4-8）の300～500倍液を適宜水やり代わりに施して、丈夫な苗に育てます。

●わき芽やランナー取りと摘葉

苗の生育にとってよい気候となるため、わき芽やランナーが出たり、新しい葉が盛んに発生します。

1芽でクラウン（茎）の太い苗に育てるために、わき芽やランナー、古葉、うどんこ病などの発生した葉をこまめに取り除きます。

●除草と中耕

仮植床では雑草がよく生える時期です。硬くなった苗床の表面を軽く耕しながら（中耕）、除草を行います。

●病害虫の防除

うどんこ病、炭そ病などをジマンダイセン水和剤、トップジンM水和剤、ベルクート水和剤などで防除します。

害虫ではアブラムシ、ハダニなどが発生しが

ARS

ストロベリーポットは、観賞を兼ねたコンテナ栽培によく利用される。石垣イチゴのミニチュア版といってもよい

ARS

排水用の穴をあけておけば、ポリ袋に植えても、立派に実をならせることができる

ちなので、マラソン乳剤、アーデント水和剤、テデオン乳剤、ケルセン乳剤、トクチオン乳剤などで防除します。

また、炭そ病などにかかった苗は早めに抜き取り、畑から離して処分します。

9月

10月

大果の人気品種 ‘アイベリー’

●夏から秋にかけて育苗した苗を定植する時期となる。
●目印に残しておいたランナーの反対側から花房が出てくるので、ランナーを畝やプランターの内側に向けて植えること。
●プランターでは株間20〜25㎝に。あまり密に植えると大きなよい果実が期待できなくなるので注意。

10月上旬から中旬にかけて、夏の間苦労して育てた苗をいよいよ菜園やコンテナに定植する時期になります。

主な作業

●苗の掘り取り

育苗してきた苗は、定植する日に仮植床から掘り取ります。白い根のしっかり伸びた大きめの苗を選びますが、苗の数が足らないときは大苗、小苗と分けて用います。掘り上げたら古い葉や新しく発生したランナーなどを取り除いて

イチゴの定植

適期＝10月上～中旬

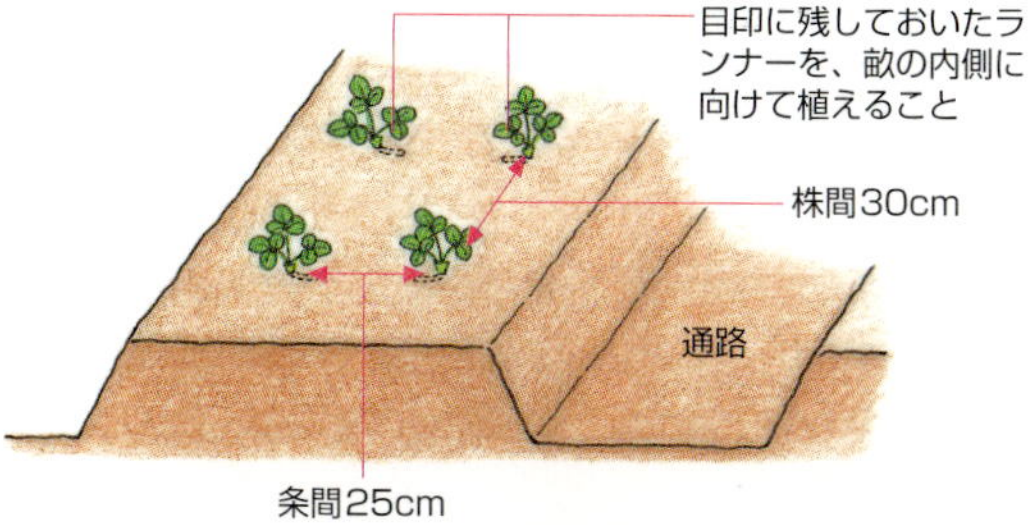

目印に残しておいたランナーを、畝の内側に向けて植えること
株間30cm
通路
条間25cm

畝幅120cmの場合、上図のような並列植えか、千鳥植えとする（苗の大きさがそろわない場合は、大きな苗はやや間隔を広く、小さな苗は狭めに植える）

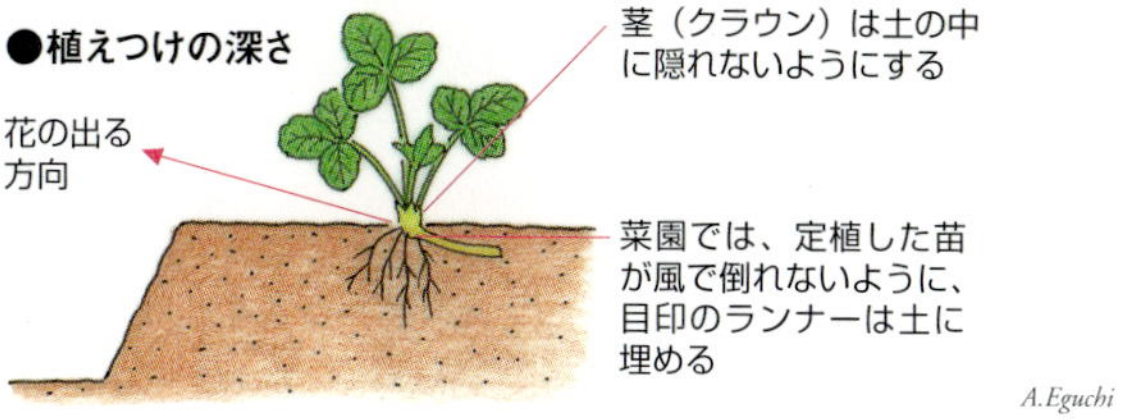

●植えつけの深さ
茎（クラウン）は土の中に隠れないようにする
花の出る方向
菜園では、定植した苗が風で倒れないように、目印のランナーは土に埋める
A.Eguchi

おきます。

●定植

畑では、あらかじめ準備しておいた畝に定植します。畝の土が乾燥しているときは、植え穴を掘り、十分に水を与えておいてください。

120cm幅の畝では、株間30cm、条間25cm前後で、2条の千鳥植えや並列植えにします。苗の大きさがそろわない場合は、大きな苗はやや広く、小さな苗はやや狭めに植えます。

苗を植えつけるときは、茎（クラウン）が土で隠れない程度の浅植えがよく、仮植床に植えられていたときと同じ深さとします（88ページ参照）。

深植えにしすぎると新芽が発生しなくなって生育が止まったり、茎の病気にかかりやすくなります。反対に浅植えにしすぎると、新しい根の発生が抑えられて株の生育が悪くなり、乾燥による被害を受けやすくなります。

イチゴは、目印に残しておいたランナーがついている反対側から花房が出てきます。そこで、花が咲いて果実のなる向きを同じ方向にするため、2～3cm残しておいたランナーを畝の内側に向けて植えます。

菜園の条件によって東西に長い畝をつくったときは、花房が南側に出るようランナーを北向きにして植える場合もあります。

プランターなどを用いたコンテナ栽培では、ポット育苗した苗や仮植床から掘り上げた苗あるいは購入した苗を、株間20～25cmに植えつけます。畑の場合と同様に、花や果実が外側にそろって出るよう、目印に残しておいたランナーがコンテナの内側を向くように浅めに植えます。

定植後は、苗と土がよくなじんで、順調に活着するよう、たっぷりと水を与えます。

主な管理

●水やり

定植後に土を乾燥させると苗の活着が遅れるので、水管理に十分注意します。定植後1週間ぐらいは特に十分水やりし、根が活着するのを助けてやります。

菜園では、畝全体が白く乾かないように全体に水やりし、その後は天気や苗の生育を見ながら徐々に水やりを控えます。

●わき芽やランナー取りと摘葉

定植した苗が順調に活着すれば、わき芽やランナー、新しい葉が出てきます。1芽で茎の太い株に育てるため、これらのわき芽やランナーと、古い葉やうどんこ病などのついた葉を取り除きます。

●除草

定植後から寒さがくるまでは雑草の発生が多

コンテナ栽培で収穫量を上げるには

イチゴをコンテナで育てる場合、なるべく多くの果実を収穫するには、1株当たりの培養土の量を守ることが大切です。

一般的な品種の場合、株が十分に生育できる土の量の目安は1株当たり2～2.5ℓ。例えばこれより培養土の量を20％少なくするだけで、収穫できる果実の数は15％程度減り、重さも7～10％ほど減ってしまいます。特に株が大きく育つ品種や、大果品種では、前述の目安よりさらに1株当たりの土の量を多めにするなどの注意が必要です。

い時期です。こまめに除草します。

●病害虫の防除

うどんこ病、炭そ病、灰色かび病をオーソサイド水和剤、ポリオキシンAL水和剤、ユーパレン水和剤、サンヨールなどで防除します。

害虫では、アブラムシ、ハダニなどが発生しやすいので、マラソン乳剤、テデオン乳剤、ケルセン乳剤、トクチオン乳剤などを散布して防除します。

また、定植時に植え穴にモスピラン粒剤を1株当たり0.5g入れてから苗を植えると、アブラムシの防除に効果的です。

畑への定植

適期＝10月上〜中旬

定植当日に仮植床から苗を掘り上げ、9月のうちに準備しておいた畝に定植する。花房の出る方向を考え、目印のランナーの向きを揃えて植えること。

株間30cm、条間25cm前後の2条植えとする。土が乾燥していたら植え穴にたっぷり水を注いでから植えつける。子苗から発生した弱々しいランナーは不要なので元から切り取る

苗は大きさのそろったものを選び、古い葉や新しく発生したランナーなどを取り除いてから植えつける

目印のランナーを畝の内側に向けて植える。クラウン（茎）が隠れない程度の浅植えがよい

この程度の浅植えが目安。目印のランナーは、土に埋めると株が安定する

たっぷりと水を与えて植えつけ作業終了。植えつけから約1週間は、乾燥に注意し、畝全体が白く乾かないようまんべんなく水を与えるが、活着後は徐々に水やり回数を控える

JBP-M.Fukuda

プランターへの定植

適期＝10月上～中旬

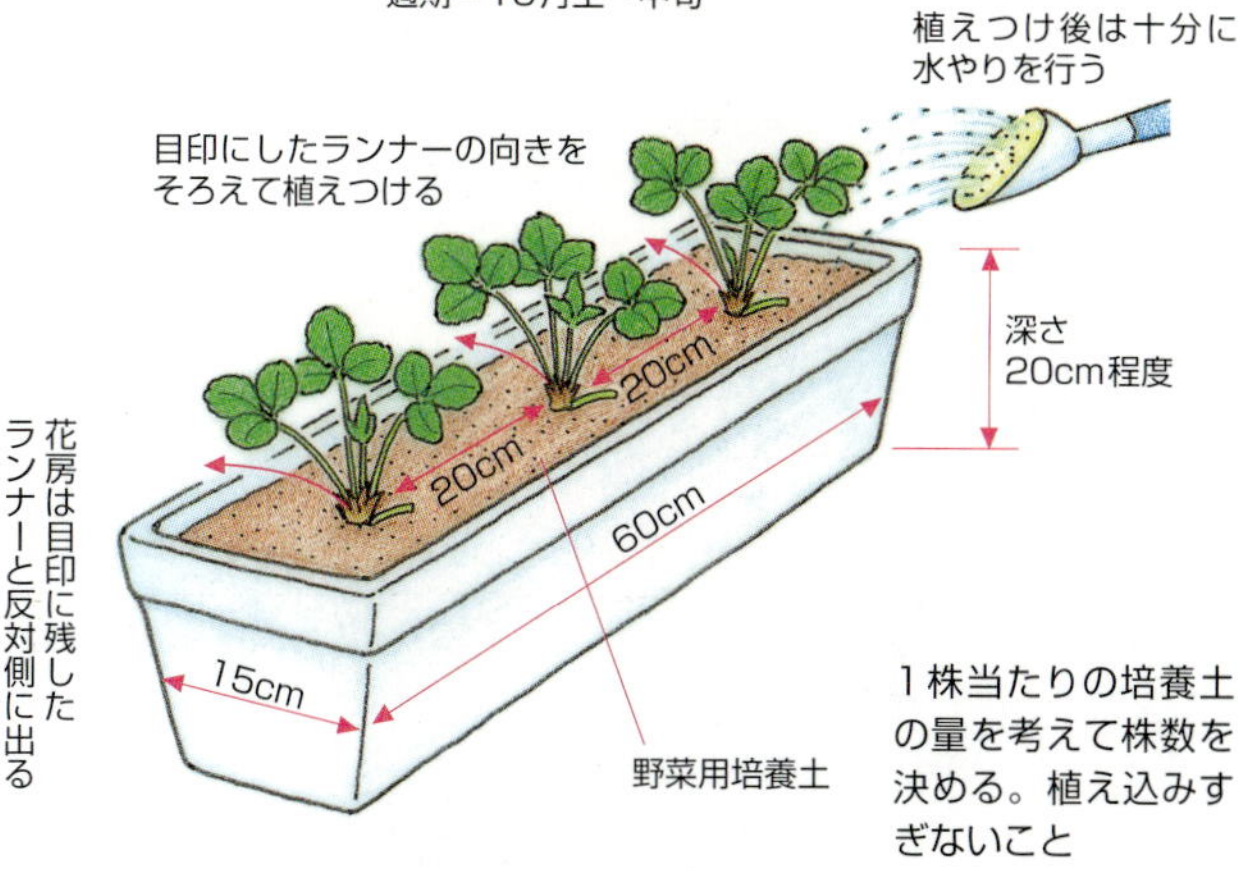
植えつけ後は十分に
水やりを行う
目印にしたランナーの向きを
そろえて植えつける
深さ
20cm程度
20cm
20cm
60cm
15cm
花房は目印に残した
ランナーと反対側に出る
野菜用培養土
1株当たりの培養土
の量を考えて株数を
決める。植え込みす
ぎないこと

クラウンが隠れない
よう浅植えにする
根鉢をくずさないよ
うに植えつける
深植えは生育を悪く
し、病気が発生しや
すい
○
×
A.Eguchi

プランターに植えつけて
から2か月後の状態

11月

●露地栽培では中旬ごろまで生育を続け、その後休眠期に入る。
●生育が思わしくない苗は早めに抜き取り、代わりの苗を植えつけておく（補植）。
●活着後は、少しずつ水やりを控えめにするが、畝の土が乾燥しすぎても株の生育によくないので注意すること。

ARS

'宝交早生'。初心者でも育てやすい。豊産性

露地栽培の菜園やコンテナに定植したイチゴの苗は、霜が降り始める11月中旬まで生育を続け、やがて厳しい冬の寒さに耐えながら春がくるまで休眠します。

イチゴ農家では、10月中・下旬から寒さを防ぐためにビニールハウスで育てて花を咲かせ、七五三やクリスマス用の真っ赤なイチゴを収穫し始めます。

主な作業

●補植

摘葉とわき芽取り

適期=10〜11月

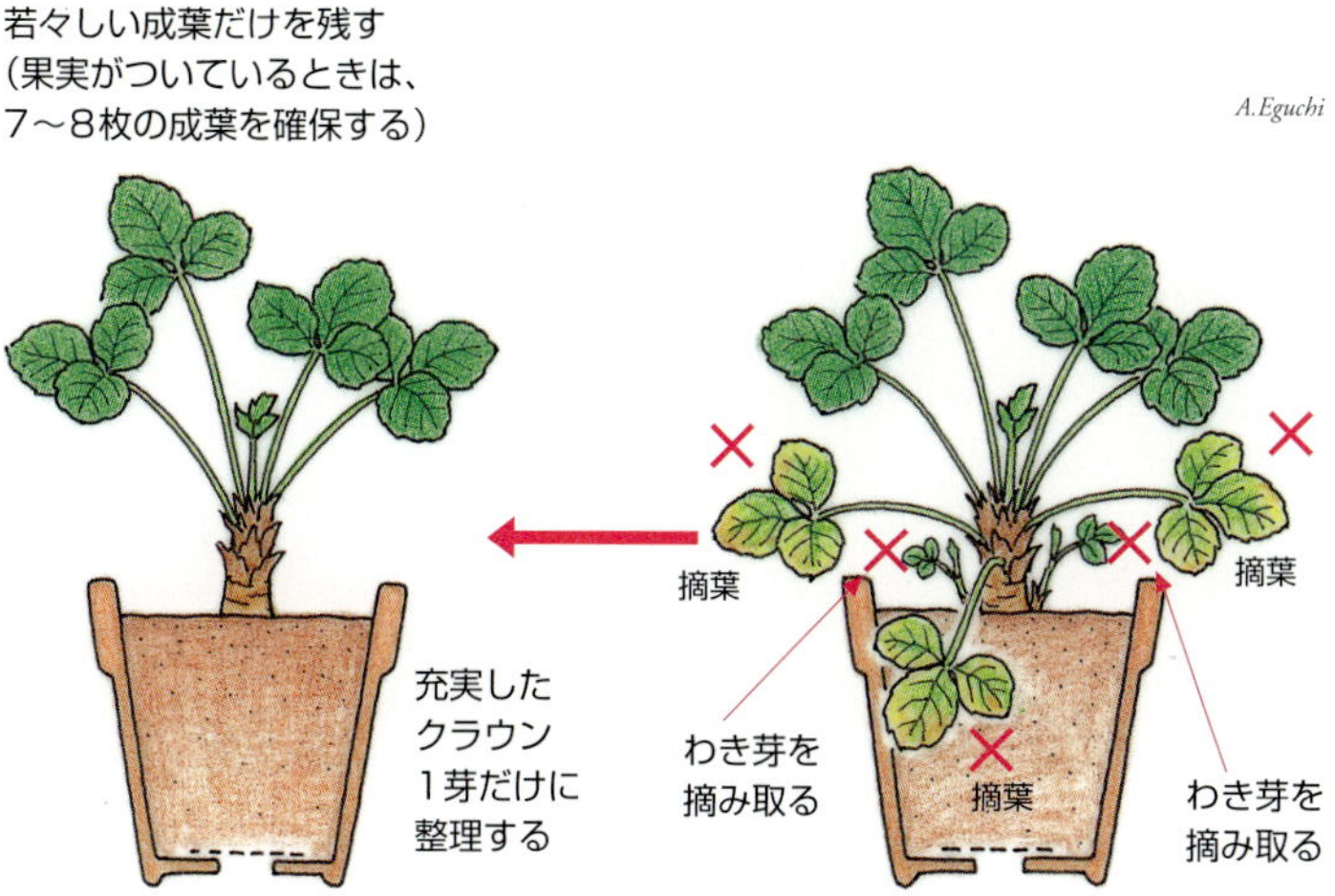

若々しい成葉だけを残す
(果実がついているときは、
7〜8枚の成葉を確保する)
A.Eguchi
充実した
クラウン
1芽だけに
整理する
摘葉
摘葉
わき芽を
摘み取る
摘葉
わき芽を
摘み取る

イチゴは寒さに強いので、10月上旬から中旬に定植した苗は、暖かい天気が続く間は徐々に大きくなります。

しかし、菜園でもコンテナ栽培でも、深植えにしすぎたり、根が傷んだりした苗では、新芽が発生せず、生育が止まってしまうものが見られます。また、茎や根の病気にかかった場合は、しおれたり枯れたりします。定植後10日ほどたっても生育がよくないものは、できるだけ早めに抜き取り、仮植床や育苗ポットに残しておいた補植用の苗に植え替えます。

補植は定植のときと同じように、苗に残しておいたランナーが菜園では畝の中側に、プランターなどのコンテナ栽培では内側を向くように浅めに植えます。

補植作業は、活着が順調に進むよう午前から昼間の暖かい時間帯に行い、植え終わったら苗

定植後の追肥

適期＝11月下旬〜1月

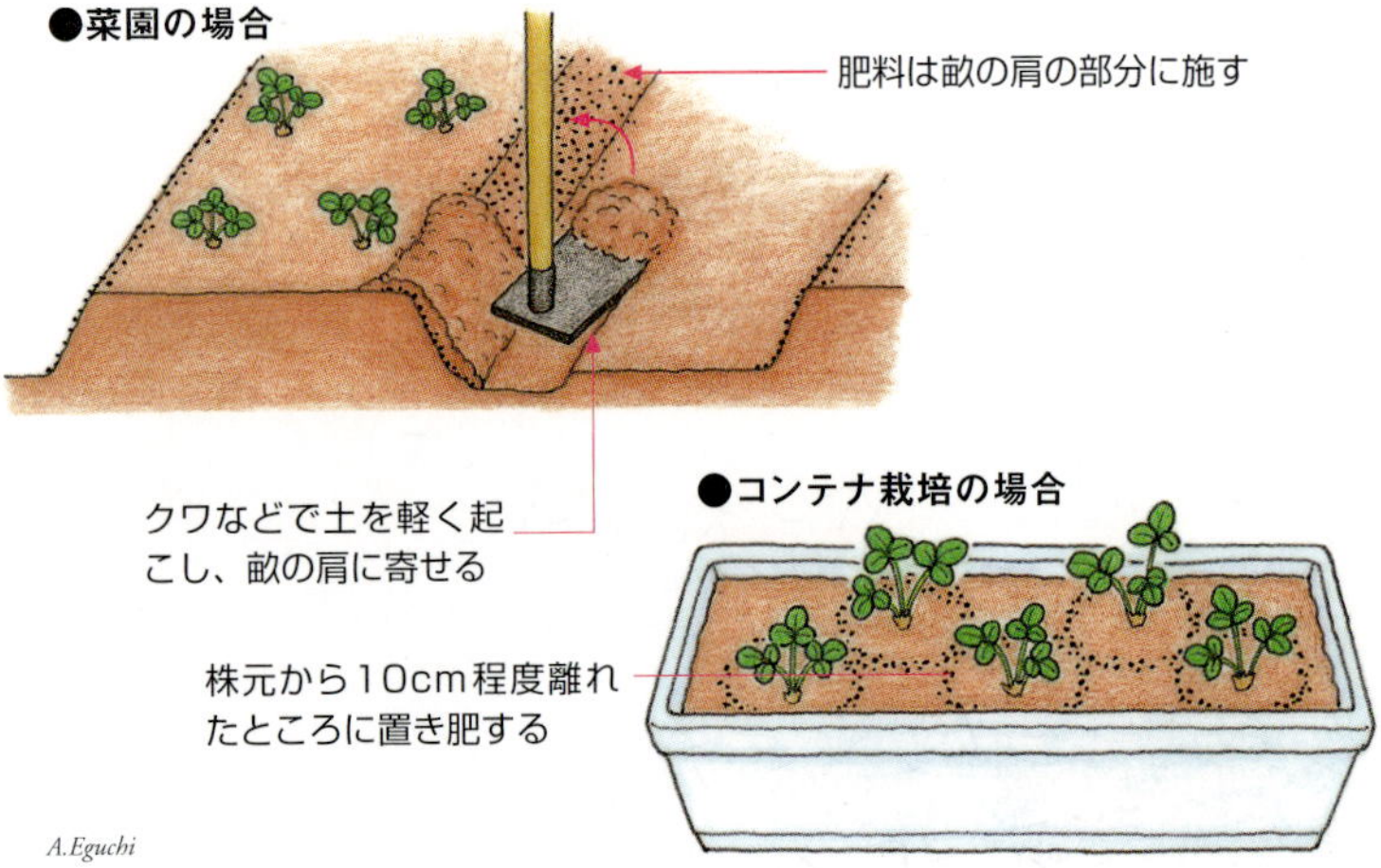
●菜園の場合
肥料は畝の肩の部分に施す
クワなどで土を軽く起こし、畝の肩に寄せる
●コンテナ栽培の場合
株元から10cm程度離れたところに置き肥する
A.Eguchi

と土がよくなじむよう、十分に水を与えます。

●わき芽、蕾、古葉の整理

定植した苗が順調に生育すれば、新しい葉とともにわき芽が出たり、場合によっては蕾が出てきたりします。1芽で茎の太い株に育てるため、これらのわき芽や蕾を摘み取ってください。また、うどんこ病などの病斑がついている古葉も取り除きます。

主な管理

●水やり

定植をしてから1週間ぐらいは特に十分に水やりし、根が活着するのを助けてやります。菜園では、畝全体が白く乾かないように全体に水をまき、寒さがくる前の、畝の地温が高いうちにしっかりと根を張らせることが大切です。

その後は天気や苗の生育を見ながら徐々に水

やりを控えます。しかし、畝が乾燥しすぎると、寒さに耐える力が弱くなり、葉が枯れてしまったり、春からの生育が悪くなって、よい果実がたくさん収穫できなくなるので注意してください。

●追肥

菜園では、株の生育を見ながら、2月上旬にマルチング（30～33ページを参照）を行うまでに1～2回追肥を施します。1回目は、11月下旬から12月上旬にかけて、緩効性化成肥料（N-P-K＝12-8-12）の場合は1㎡当たり約30g、有機配合肥料（N-P-K＝6-5-5）では同約60gを目安に施します。追肥は畝の肩の部分を中心に施し、クワなどで通路の土を軽くかきながら施した肥料の上から覆土をします。

プランター栽培では、10ℓ当たり緩効性化成肥料（N-P-K＝12-8-12）を3～4g程度施します。イチゴは肥料に弱いので、株元から少し離して施します。

●除草

寒さがくるまでは雑草が発生します。こまめに除草しましょう。

●病害虫の防除

うどんこ病、炭そ病、灰色かび病をオーソサイド水和剤80、ポリオキシンAL水和剤、ユーパレン水和剤、サンヨールなどで防除します。また、この時期に発生する害虫はアブラムシ、ハダニなどで、マラソン乳剤、テデオン乳剤、ケルセン乳剤、トクチオン乳剤などを散布して防除します。

12月

●露地栽培では休眠期に入る。
●十分な期間、低温に当てる必要があるので、保温は行わないが、寒さの厳しい地域では凍らない程度の防寒が必要。
●畝やコンテナの用土が乾きすぎないよう、適宜水を与えるが、水やりは地温が下がりすぎないよう、午前中の暖かい時間に。

ロゼット状となって冬越し中のイチゴ

露地栽培のイチゴは休眠に入る時期です。きちんと冬越しさせて、春の収穫を目指しましょう。

クリスマスが近づくにつれて、果物屋さんにはつややかに色づいたイチゴが並ぶようになりますが、これは休眠しないようにと、暖かいビニールハウスの中で夜間電灯照明を行い、春のような環境で育てて収穫したものです。

主な作業
●防寒

イチゴは寒さに強いので、露地の菜園やベランダでのコンテナ栽培などでは、特別な防寒設備を必要とはしません。しかし、いずれの場合も、凍るような寒さが続くと株が枯れてしまうので、強い霜が降りるような地域では、やはりちょっとした防寒の工夫が必要です。

5cm程度に切ったわらなどで、畝やコンテナの土の表面を株元まで覆っておきます。また、コンテナ栽培では、北風が当たったり、冷え込みの強い場所を避け、ベランダの壁際や南側の軒先など、日中は日光が当たり、夜は適度の寒さを感じる場所へ移動させます。

イチゴは、5℃以下の寒さに一定の期間当たらないと休眠から覚めず、春になっても活発に生育したり大きな花を咲かせることができません。早くから部屋の中に入れたり、ビニールフィルムなどで保温したりするのはかえってよくないので注意してください。

主な管理

●水やり

菜園では、畝全体が白く乾かないように天気や株の生育を見ながら適宜水を与えます。コンテナ栽培の場合も、用土全体が乾いてしまわないよう注意してください。

水やりを行う際は、特に水温に気をつけて、午前中の暖かい時間帯に行います。水温が低いと地温を下げてしまうからです。株に水がかからないように注意しながら行いましょう。

●追肥

株の生育を見ながら、2月上旬に行うマルチングまでに1～2回程度追肥を行います。

1回目は、11月下旬から12月上旬にかけて行いますが、菜園では緩効性化成肥料（例・N-

12月

P‐K＝12‐8‐12の場合は1㎡当たり約30g）か、有機配合肥料（例・N‐P‐K＝6‐5‐5の場合は同約60g）を施します。

コンテナ栽培では、用土10ℓ当たり緩効性化成肥料ならN‐P‐K＝12‐8‐12の場合で3～4g程度、1株当たりでは約1g施します。有機配合肥料を用いるなら、N‐P‐K＝6‐5‐5のもので1株当たり約2gが目安です。

施し方は、92ページの図を参照してください。

●病害虫の防除

病害虫の発生は少なくなります。ただし暖冬でよく雨が降るようなときは、12月上旬に1回、うどんこ病や灰色かび病の予防に、ポリオキシンAL水和剤やユーパレン水和剤、サンヨールなどを散布しておきます。

イチゴの休眠現象

イチゴは、寒い冬の間タンポポのようなロゼット状の姿となり休眠します。休眠中は暖かな場所に移しても生育を開始したり、ランナーを出したりしません。自然の変化では、冬でもときによって暖かな日があります。このとき春と勘違いして新しい葉や蕾を伸ばすと、また冬に戻ったとき寒害を受けて枯れてしまいます。そこで、イチゴの株は、一定期間5℃以下の寒さを感じなければ休眠から覚めない仕組みを身につけ、自分を守っているのです。

この期間は、品種により大きく異なります。100時間未満の短いものもありますし、冬が長い北国で栽培される品種のように、約1300時間もの長い期間寒さに当たらないと休眠から覚めない品種もあります。

イチゴの休眠には2つの段階があり、まず、秋が深まり昼の長さがどんどん短くなると、自発休眠が深くなり、その後、他発休眠となります。自発休眠の間は、気温が春のように高くなってもイチゴは目覚めません。しかし、十分な寒さに当たったあとに続く他発休眠は、気温や日ざしなど気象条件が生育に適さないため強制的に生育が抑制されている状態です。ですから自発休眠とは異なり、株を暖かい場所に移してやればすみやかに生育を始めます。そこでイチゴ農家では、冬から春にかけて収穫するため、夜間の暖房と電灯照明で、休眠させないように工夫しています。

秋
冬
春
花芽分化・生育
短日
（低温）
自発休眠
（一定期間放置）
5℃以下
（低温）
他発休眠
（寒い地方は長い）
生育適温
（高温）
生育・出蕾
ロゼット状態
A.Eguchi

ちょっと変わったイチゴ

四季なり性イチゴ

家庭菜園や営利栽培では、一般に、秋の低温と短日（昼間が短い）の気候条件で花ができ、翌春に開花して結実する一季なり性のイチゴ品種が利用されています。しかし、イチゴのなかには、必ずしもこのような気候条件でなくても、容易に花ができる四季なり性の品種があります。

一季なり性のイチゴは、気温が高くて昼が長い夏の間は花芽はつかず、盛んにランナーを出して子苗がふえます。何かのきっかけでごくまれに蕾が出てきたりしますが、普通の栽培ではまれです。

これに対して四季なり性のイチゴは、真夏でも自然に花が咲き、果実がなります。この性質を利用して、特にイチゴの出荷が少ない夏や秋に収穫する栽培が行われています。

四季なり性のイチゴは、一季なりと同じようにランナーを出してふえ、休眠もあります。秋に普通に花ができることも一季なり性イチゴと同じです。異なる点は、日長に関係なく花ができたり、夏の気温が高いときは、長日条件が花をつくるきっかけとなる性質をもっていることです。

また、一季なり性よりも花のできる温度や日長の幅が広く、より高い気温と長い日長でも花ができる特徴をもつ品種もあります。このような性質から、1年のうちで一季なりのイチゴよりはるかに長い期間、連続して花が咲き、果実がなります。

四季なり性のイチゴは、夏から秋にかけて収穫でき、価格が高い時期ですから、営利栽培としても魅力がります。また、一季なり性の品種では、苗が涼しさや短日を感じないと花ができません。早く収穫したいときは、人工的にそのような環境をつくって苗を育てる必要があり

フラガリア・ベスカ。一般にワイルドストロベリーの名で流通している原種で、四季なり性。タネから簡単にふやすことができる

フラガリア・ベスカの白実種

ます。しかし、四季なり性のイチゴではこうした苗づくりの手間をかけなくても花ができるのでたいへん省力的です。日本で育成された最初の四季なり性品種は'大石四季なり一号'です。以後、国内外でいくつかの品種が生まれています。日本で育成された代表的なものに、'みよし'(徳島農試)、'サマーベリー'(奈良農試)、'エバーベリー'(野菜・茶試)、'ペチカ'(ホープ)、'スマイルルビー'(四国総研)などがあります。

しかし、現在の品種は、果実が小ぶりであるなど、品質や形状に難点があり、ランナーの発生数も不安定で、関東地方以西では一般向きではありません。

また、イチゴの野生種にも四季なり性のものがあります。フラガリア・ベスカ(*Fragaria vesca*)の仲間は四季なり性があり、特にセンパフローレンス種(*semperflorens* アルパインイチゴ)などはフランス山地で夏の間中咲いています。また、フラガリア・バージニアナ(*Fragaria virginiana*)の仲間ではグラウカ種(*glauca*)などが知られています。現在の四季なり性品種は、もともとこれらの野生種の一部からできてきたことが明らかにされています。

ワイルドストロベリー

イチゴの仲間は、世界中に約25種類の野生種が分布しています。

代表的なものとして前述のフラガリア・ベスカと呼ばれる小さな果実がつくものがあります。ヨーロッパをはじめ、北アメリカ、北アフリカおよび日本を含めた北アジアに広く分布しています。姿は、栽培イチゴとよく似ていますが、果実は小さくて、香りが強いのが特徴です。

ヨーロッパでは、現在のような栽培品種が生まれるまで、古くからこの種類のイチゴがアルパインイチゴと呼ばれて観賞用や食用などに栽培されていました。一般には本種がワイルドストロベリーの名で流通し、ハーブとしても知られています。

日本ではこの仲間としてエゾヘビイチゴが北海道に野生化しています。また、フラガリア・ベスカと同じように葉や花、果実が小さい野生種として、岐阜県根尾村能郷で最初に採取され、その名がついたノウゴウイチゴ(*Fragaria iinumae*)と、エゾヘビイチゴによく似たシロバナヘビイチゴ(*Fragaria nipponica*)、その変種のエゾ

日本に自生するノウゴウイチゴは、花弁が7～8枚。亜高山から高山のやや湿り気のある草地に生える

クサイチゴ（同）が自生しています。

　また、フラガリア・ベスカより果実が大きく、栽培されていた野生種としては、フラガリア・モスカータ（*Fragaria moschata*）があります。香りが強く、じゃ香のような香りがするのでこの名前がついています。

　さらに、フラガリア・ベスカの約2倍、直径2㎝程度の果実がなる野生種に、現在の栽培種の祖先である北米原産のフラガリア・バージニアナ（*Fragaria virginiana*）と、南米チリをはじめ、アメリカ、カナダに自生するフラガリア・チロエンシス(*Fragaria chiloensis*)があります。

　バージニアナ種は、雌雄異株です。果実は丸いものや長い円錐形のものがあり、緋色から濃い紅色に色づきます。食べると酸味などの風味があり、香りもあります。株は、葉柄が細長く、ほっそりした姿で、寒さがくると葉は枯れてしまいます。チロエンシス種のほうは、がっちりとした低い株の姿をしており、一年中常緑で育ちます。バージニアナ種と同じように雌雄異株です。果実は、偏った円球状で、色づきがよくありません。風味や香りもほとんどありません。今でも南アメリカの一部で栽培されています。

シロバナヘビイチゴの花（右）と果実（左）

ヘビイチゴ、キジムシロの仲間

イチゴは、バラ科のオランダイチゴ属（*Fragaria*）に属する植物です。イチゴという名前がついている植物のなかには栽培イチゴと一部形は似ていますが、異なる種類のものがあります。

身近で見かけるヘビイチゴは、バラ科ヘビイチゴ属（*Duchesnea*）の植物で、ヘビイチゴのほかにヤブヘビイチゴがあります。道ばたに生え、地面を茎が這いながら節ごとに葉と根を伸ばしてふえます。葉はイチゴと同じ3枚の小葉をもっています。春に黄色い花が咲き、丸い淡紅色の実がつきます。イチゴの果実と同じように赤くふくらんだ実は果托で、表面にそう果（タネ）がつきます。ただし、イチゴと異なり甘くありません。

同じヘビイチゴという名前がつき、黄色い花が咲く草本にオヘビイチゴやヒメヘビイチゴがありますが、これらはいずれもキジムシロ属（*Potentilla*）の植物です。オヘビイチゴは、田畑のあぜ道に多く生え、茎が地面を這って伸びます。葉は、成葉では5枚の小葉がつきます。花は、イチゴと同じように花梗が分かれ集まった形で咲き

同じく黄色い花を咲かせるオヘビイチゴは、キジムシロ属の植物

ヘビイチゴの花（上）と果実（下）。イチゴとは別属で、花は黄色

ARS

ヘビイチゴとよく間違えられるヤブヘビイチゴ

キジムシロは小葉の形や花の出方がイチゴに似るが、茎が地面を這って伸びない

ます。ヒメヘビイチゴは、山地や雑木林の日陰に多く生えています。茎が地面を這って節から根を下ろし、葉や花がつきます。葉は3枚の小葉からなります。花は、1節に1本出てきて初夏から夏にかけて咲きます。オヘビイチゴやヒメヘビイチゴは、ヘビイチゴのように花が咲いても赤い実ができません。この仲間の代表となっているキジムシロは、山地や野原に生え、葉に小葉があり黄色の花や葉の出方がイチゴと似ています。しかし、オヘビイチゴなどのように茎が地面を這って伸びません。

そのほかイチゴと名のつく植物には、キイチゴ属（*Rubus*）のコガネイチゴ、フユイチゴ、モミジイチゴ、ナワシロイチゴなど多数あります。

K. Yabe

キイチゴの果実。同じバラ科でイチゴの名はつくものの、こちらは木本植物

人気のストロベリーポット

ガーデニングがブームとなってから、急に人気が出てきたコンテナに「ストロベリーポット」があります。水がめ形をしたテラコッタ製のコンテナで、ボディ部にいくつもの植え込み用のポケットがついているのが特徴です。

その名のとおり、もともとはイチゴを栽培するために考案されたポットでした。果房が垂れて地面の泥で汚れるのを防ぐことができますし、ポケットごとに植えることで密植も防げます。石垣イチゴのミニチュア版といえるかもしれません。

立体的な植栽が楽しめ、装飾性が高いことから、今ではハーブをはじめ、いろいろな植物をあしらい、庭やベランダのフォーカルポイントとして利用されるようになりました。

選ぶ際は、ポケットのあごの部分が、横穴のカット部分より高くつくられたものを選びましょう。土がこぼれるおそれがある形のものは避けます。

イチゴの苗を植える際は、ポケットの横穴の近くまで用土を入れ、目印に残したランナーのついてるほうを奥に向け、手前に花が出るように植えます。こうして下段から順に上段へと植えていきます。

ARS

ストロベリーポットでイチゴづくりを楽しむ

イチゴ栽培の手引き

ハウスを利用した促成栽培、寒冷地や暖地での栽培法、
栽培に関するQ&Aなどをまとめました。

JBP-M.Fukuda

ハウス内での促成栽培　JBP-M.Fukuda

早くから果実を収穫できる「ハウス栽培」の秘密をレポート

イチゴは人気の高い果物で、一年中その需要がありますが、普通の露地栽培では、収穫時期が主に5月から6月に限られてしまいます。そこで、イチゴ農家では、ビニールハウスを利用し、さまざまな特徴をもった品種と栽培技術を組み合わせて、夏涼しい北の地方では夏から秋にかけて、冬温暖な地方では冬から春にかけて新鮮なイチゴを収穫しています。

家庭でも、簡易温室などを利用すれば、早くから収穫を楽しむことができます。

●花芽を早くつけさせるには

日本では、冬から春に収穫するハウス栽培が主で、イチゴの性質をうまく利用したさまざまな工夫がなされています。例えば愛知県の場合は、次のような方法がとられています。

栽培する品種は、'女峰'、'とちおとめ'、'章姫'など、比較的花がつきやすく、低い温度や昼の長さが短い気候条件でも花が咲き、果実が大きくなる性質のものが利用されます。

苗づくりは、家庭菜園などとほぼ同じ方法で行います。病気の心配があるときは、地面から離した高いところに親株を植え、ランナーを空中にすだれのようにつり下げ、病原菌がつかないようにして子苗をふやします。この方法を「空中採苗」といいます。

JBP

高設ベンチを利用し、ランナーを空中に伸ばして健康な子苗を得る「空中採苗」

イチゴの花芽分化には、さまざまな条件が関与しますが、最も大きな影響を与えるのは温度と日長（昼間の長さ）です。一般にイチゴは低温と、短日条件にあうと、花芽分化が促進されます。

そこで、育てた苗に早くから花芽をつける方法として、真夏のうちから冷房装置を用いて早めに涼しさに当てたり、暗黒にできる遮光材で育苗ハウス全体を覆うことで夜の時間を長くするといった方法が行われています。つまり、人工的に秋の気候条件を与えることで、花芽を分化させるわけです（夜冷短日育苗）。冷房装置を使わない場合は「山上げ」といって、苗を標高の高い山に運び、自然の涼しさに当てて花をつけさせる方法（高冷地育苗）も行われています。

夜冷短日育苗

JBP-M.Fukuda

夜間は冷房装置を用いて早めに涼しさに当て、同時に遮光ネットで短日条件を与えることで、花芽の分化を促進することができる

また、育苗用のポットで苗を育てて、途中から肥料を控えると、花を早くつけることができます（ポット育苗）。

●定植後の管理

花をつけた苗は、家庭栽培より約1か月早い9月上・中旬にハウスに植えられます。秋がいちだんと深まる10月中・下旬にビニールをかけて保温します。ハウスの中では花が咲き始め、

高冷地育苗

K.Yabe

真夏のうちに標高の高い山に苗を運び、涼しい条件を与えることで花芽分化を促す方法。「山上げ」とも呼ばれる

放し飼いにされたミツバチが忙しく花粉を集めます。この際に受粉して果実がなります。

寒い冬の間は、保温を二重三重としっかり行い、暖房機で暖めます。この間、生育が衰えないように、夜は時間を決めて電灯で照明します。こうして株が休眠するのを防ぎながら、連続して開花と結実が続くよう管理することで、晩秋から春にかけての収穫が可能となります。

●促成栽培は家庭でもできる？

家庭で花を少し早く咲かせて果実を収穫したい場合は、コンテナ栽培で簡易温室などを利用しての保温が考えられます。

イチゴは、寒さに比較的強いので、夜の最低温度を6～7℃に保つことができれば徐々に生育します。しかし、家庭では、冬中保温するのは大変です。促成栽培を試みるときの実際の管理としては、コンテナなどに植えつけたあと十分に株を根づかせて、厳しい冬の寒さに耐える株をつくっておくことが大切です。

保温は、株が休眠から覚めてから行う　寒さがいちだんと増すとイチゴは休眠します。品種によって異なりますが、5℃以下の寒さに数百時間程度あうと休眠から覚めます。休眠から覚めたかどうかは、暖かいところに移すとわかります。休眠から覚めていれば、元気よく生育し始め、新しい葉や花、さらにはランナーを伸ばします。'宝交早生'では、地域にもよりますが、11月から1月まで休眠します。その後も寒さが続くので、強制的に眠った状態が続きます。保温をする場合は、十分に寒さに当てて、株が休眠から覚めてから行うことがポイントです。

人工受粉を行う　もう一つの問題があります。それは受粉です。温室での栽培は、露地栽培と異なり、ミツバチなどの訪花昆虫が見込めないので、受粉がうまく行われません（農家ではミツバチを利用したりするが、家庭栽培ではそこまでの管理はまず無理）。イチゴは受粉しないと果実がならなかったり、形の悪いものになってしまいます。せっかく保温して花を早く咲かせても、よい実がとれないのでは大変です。そこで柔らかい筆などを使って、こまめに人工受粉を行う必要があります。

寒冷地でのイチゴづくり

川岸 康司［北海道立花・野菜技術センター］

寒さが厳しい寒冷地では、菜園でのイチゴの収穫は6月から7月で、収穫期間は3週間程度です。また、実際に栽培管理を行う期間も4月から11月ぐらいです。そのため、実とり苗の定植時期や次年度の収穫株をつくる親株の管理・作業などが、温暖地とは異なります。

寒冷地に適する品種としては、休眠の比較的深い'宝交早生'や寒冷地向け品種である'きたえくぼ'、'けんたろう'などがあります。

季節ごとの栽培のポイント（4～11月）

●4月

'きたえくぼ' 糖度、酸度とも高く、多収。やや晩生

'けんたろう' 食味、日もち性がよい。早生

実とり株　雪が解けて、イチゴが休眠から覚める時期です。枯れた葉や古い葉は、病気のもととなりやすいので、取り除きます。トンネルがけをする場合は、そのあとに行います。管理は温暖地の3月に準じますが、摘花は行いません。

親株　親株も古葉を取り除きます。また、花蕾も早めに摘み取ります。

●5月

実とり株　株の生育がおう盛となり、花房が伸びてくる時期です。開花前までにうどんこ病、灰色かび病、アブラムシ、ハダニなどの防除を行います。コンテナ栽培の場合は、緩効性化成肥料を1株当たり2～3粒置き肥するか、液体肥料で追肥をします。

親株　花房を早めに摘み取り、病害虫の防除を行います。初めて育てる場合は花つき苗を購入し、親株とします。親株床は2～3週間前に準備しておきます。黒マルチなどを行うと、定植後の活着やその後の生育がよくなります。また、ビニールや不織布でトンネルがけをすると、さらに生育を促進する効果があります。この時期は、温暖地の4月ごろの管理に準じます。

●6月

実とり株　いよいよ収穫が始まります。水の与えすぎは食味を落とす原因となるので、菜園では水やりを控えます。ミツバチが訪花していない場合は、人工受粉を行います。また、病害虫がついていないか、葉の裏をよく観察し、古葉は早いうちにかき取りましょう。果実に穴があいている場合はナメクジの食害が考えられるので、ナメクジ用の駆除剤を使用します。

親株　温暖地の6月と同様の管理・作業を行います。ただし、ランナーの整理は行わず、7月の苗とりに備えます。コンテナ栽培で子苗をポットで受ける場合は、温暖地の7月の栽培を参考にしてください。

●7月

実とり株　収穫の終わった株のうち、健全なものは翌年の親株とすることができます。同じ株を翌年も実とり苗とする場合は、収穫直後に茎葉を地上部10㎝で刈り取り、化成肥料を1㎡当たり200g施し、株を養成します。

親株 中旬までに仮植床をつくります。定植は8月下旬ごろとなりますが、定植の20〜30日前に子苗をとり、仮植しておきます。親株近くの育ちすぎた苗は実とり苗には適しませんが、翌年の親株として使うことができます。この時期の管理は、温暖地の8月の管理に準じます。

8月

実とり株 苗の定植は8月下旬ごろで、遅くとも9月上旬ごろまでに行います。ポット育苗では高温時の植え傷みが少ないので、定植前にマルチングをしておくと作業が楽です。ランナーの苗を直接菜園やコンテナに定植することもできますが、この場合は8月上旬ごろに定植します。管理は温暖地の9月から10月に準じます。

親株 親株も実とり苗と同様に、秋に定植を行います。ただし、実とり苗より多少定植が遅れてもかまいません。

9〜11月

実とり株 活着後に古葉をかき取って、マルチングを行います。発生するランナーは取り除きますが、温暖地のようにわき芽取りは行わず、発生したわき芽を充実させます。うどんこ病など、越冬する病害虫が多いので、株が休眠に入る前に薬剤散布をしておきます。秋の生育のよしあしが翌春の収穫に大きく影響します。管理・作業は、温暖地の11月以降を参考にしてください。

また、マイナス5℃以下では凍害を起こしやすくなるので、雪が積もらない地域では凍害予防が必要です(温暖地の1月の管理を参照)。コンテナ栽培では、マイナス5℃から10℃くらいの場所で管理してください。

親株 実とり苗と同様の管理を行います。

四季なり性イチゴを楽しむ

夏の温度が比較的低い寒冷地では、四季なり性イチゴを春から秋にかけて収穫することができます。園芸店で購入した四季なり性イチゴ苗を、花房やランナーを除去して定植します。植えつけて1か月ぐらいは養成のために花房とランナーを除去し続けます（図1参照）。その後も、株の養成をしながら収穫をするため、ランナーや弱い芽、弱い花房を除去する必要があります。

●観賞を兼ねて育てても楽しい

四季なり性イチゴは、ストロベリーポット（図2）で栽培したり、他の草花と寄せ植えすることも可能です。一季なり性イチゴと同様、15～25℃ぐらいでよく生育します。イチゴは温度が35℃以上では受粉しにくくなるので、屋内にある場合などには注意が必要です。〝ピンクパンダ〟など、美しいピンクの花をつける品種もあり、果実も花も楽しめますが、果実は酸味が強く、食べるときに工夫が必要です。

図1
株の養成中は、花房や古葉を早めに除去する

弱い芽やランナーも早めに摘み取る

図2
四季なり性イチゴを、ストロベリーポットなど立体的な観賞用コンテナに植えることで、春から秋まで花や実を楽しむことができる

暖地でのイチゴづくり

田中 政信［佐賀県農業試験研究センター］

九州など、冬期比較的暖かい地域では、イチゴは上手に管理すれば、クリスマスごろと5月ごろの二度にわたって収穫を楽しむことができます。ここでは、その栽培条件や季節ごとの栽培のポイントをあげておきましょう。

●栽培の条件

暖地に限ったことではありませんが、自家栽培で菜園に直接定植する場合は、まず、日当りと風通しのよい場所を選びます。イチゴは葉がそう生するので、病気の発生しにくい環境を選ぶことが第一だからです。

次に、できるだけ高畝（20～25㎝）にするなどして、排水条件をよくします。これは雨の多い九州などではたいへん重要なことで、定植後の活着をよくし、丈夫な根を張らせるためにも必要なことです。もちろん、堆肥など有機物を入れて、土づくりをしっかり行っておくことはいうまでもありません。

鉢やプランターでの栽培も、基本は菜園と同じですが、この場合はむしろ夏から秋にかけての高温や乾燥に気をつけます。コンクリートのベランダなど、輻射熱が高く、乾燥が激しい場所は避け、芝生の上とか、ベランダであればすのこを敷くなど、暑さを回避する工夫が必要です。

●品種の選び方

近年、西日本の各地で‘さちのか’、‘さがほのか’、‘さつま乙女’、‘めぐみ’など、新しい品種が次々と育成されています。これらはいずれも輸送性を考慮して改良してあるため、果実は堅く、大果で甘く、また花芽が早くからつきやすいなど、栽培性にも優れています。しかし、残念ながら市場出荷を目的とした営利用品種であるため、苗の入手が困難であったり、種苗法の関係から勝手に栽培することはできない品種が多いようです。自県で育成された品種であれば、場合によってはつくれることもあるので、希望する方は近くのＪＡや県庁に問い合わせてみてはいかがでしょうか。

ではどんな品種がよいかというと、西日本では最も親しまれている‘とよのか’をおすすめします。この品種は、今大人気の‘とちおとめ’の前の品種で、数年前までは東日本での主要品種であった‘女峰’とともに「西の‘とよのか’東の‘女峰’」と並び称されたわが国を代表する品種の一つです。果実は比較的大きく、甘みと酸味との味のバランスがきわめてよいため、新品種開発の片親としてもよく用いられる品種です。草姿はやや開張性で、花梗が伸びにくいことから、果実の着色が悪くなるなどの欠点もありますが、病気にも比較的強く、生理障害もあまり発生しないので、つくりやすい品種といえます。

M.Tanaka

‘さがほのか’。甘みが強く、酸味は少ない。形の整った大果品種で日もちもよい。休眠が浅く暖地向き

季節ごとの管理のポイント

●春から夏（4～7月）の管理

この時期は、開花・収穫・ランナーの発生など、何かと変化に富んだ楽しみの多い時期ですが、イチゴづくりで最も重要な苗づくりの時期でもあります。イチゴはランナーでふやすので、あらかじめ用意しておいた病気のないよい株（収穫後の株でも可）から、しっかりした苗を採取し、健全に育てましょう。具体的な苗づくりの方法は、標準地域とほぼ同じです。

なお、梅雨明け後の盛夏時は日ざしが強くなるので、育苗に最も注意を必要とする時期です。寒冷紗などで日覆いをするとか、日中の高温時には水やりを控えるといった細かい配慮が必要です。

また、ポットなどで栽培する場合、特に早くからの収穫は望めませんが、ランナーを直接受けて、特別に育苗をすることなく、そのまま収穫までもっていく方法もあります。最近、園芸店で底面給水鉢を用いた鉢花をよく見かけますが、この容器を使えば、毎日の水やりも手間が省けて楽です（左ページの図参照）。

●夏から秋（8～11月）の管理

お盆が過ぎて秋風が立つころは、育苗も仕上げの段階に入ります。もし、クリスマスのころの収穫を望むのであれば、この時期に肥料を控え、葉色はやや薄く、葉柄もやや赤っぽくなる程度の状態で管理します。ここはたいへん重要なポイントです。つまり、イチゴの体内のチッ素成分が減少すれば花芽ができやすくなる性質をうまく利用するのです。もちろん、枯れた下葉などは整理し、本葉6～7枚のよく締まった苗に仕立てます。九州では9月中・下旬ごろに、この苗を畑に定植すると、11月上旬ごろに花が咲きます。そのころになると気温が下がり、霜が降りやすくなるので、ビニールトンネルなどで防寒をしてやると、年内には間違いなく大きな果実が収穫できます。

●冬から春（12～3月）の管理

年内に一度収穫された株は、葉や葉柄も小さく、短くなり、春までいわゆる〝休眠〟に入ります。この時期は水やりは控えて、十分に低温に当てるようにしてください。特に、ポットやプランターなどコンテナで栽培している場合は、家の中に取り込んで保温してしまうと、春の〝休眠明け〟が遅くなり、開花が不ぞろいになります。また、休眠中にも花房が出て花を咲かせることもありますが、ここは思いきって摘み取ってしまいます。

3月も終わりごろになると、これまでとは見違えるような若い大きな葉が次々と展開してきます。やや遅れて新しい花房も出蕾してきます。そこで下葉の整理や敷きわらなどをして二度目の収穫の準備をします。ポットやプランターの場合は戸外の日当たりのよい場所に移します。ただ、遅霜に対しては十分注意しないと、せっかくの花が傷み、果実も変形したものになってしまいます。

底面給水鉢での栽培

活着まではピンで固定する。活着後、ランナーを切り離す

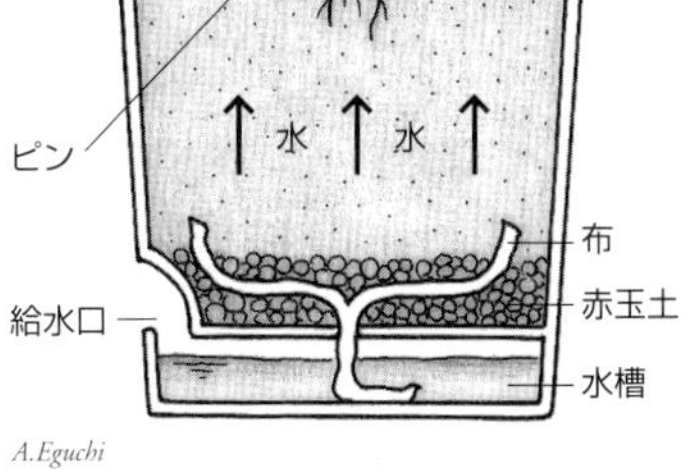

イチゴづくりQ&A

Q 園芸店などで、イチゴの苗を購入するときのポイントを教えてください。

A 家庭で栽培するには、丈夫でつくりやすい品種がよいので、まず品種名を確かめましょう。園芸店で購入しやすい品種としては'宝交早生'、'ダナー'などがあります。'女峰'も果実はやや小さめですが、たくさん収穫できる品種です。

ポット苗を購入して親株とする場合と、そのまま収穫用の株として植えつける場合のいずれも、病害虫のついていない、葉の色が鮮やかな緑で、充実した太い芽のものを選びます。細い芽がいくつにも分かれていたり、茎に古い葉のついていた跡が多く残り、ワサビのように伸びているものはよくありません。

Q イチゴは春に花が咲いて収穫できますが、春以外のいろいろな時期に花や果実を楽しむことができますか?

A イチゴの栽培品種には、年に1回、春になって花が咲き実を結ぶ一季なり性品種、春と秋の2回開花して結実する二季なり性品種、年中開花する四季なり性品種があります。特に四季成り性タイプのものを育てれば、春以外の季節にも花や果実を楽しむことができます。

また、イチゴ農家の場合は、夏に育てた苗を秋からビニールハウスの中で暖房や電照をして育て、冬に花を咲かせて果実を収穫しています。

家庭菜園やコンテナ栽培でも、休眠から覚めさせるために十分寒さ（5℃以下の低温）に当てたあと、2月ごろからビニールで被覆するなどして暖かくすると、生育や蕾の出る時期が促進され、露地栽培よりも早くから開花や果実を楽しむことができます。

Q イチゴの苗をふやしてみたいのですが、どのようにすればよいのでしょうか？

A イチゴは、初夏を迎えると親株からランナー（ほふく茎）が伸び、その先端に子苗が次々とできる栄養繁殖性の植物です。菜園やコンテナに植える苗を自分でふやすには、そのもととなる親株が必要です。

5月に親株用の苗を入手し、親株床に植えます。7月にランナーの子苗が偏って込みすぎないように、発生し始めたころから間隔をとってやり、親株の両側に振り分けて這わせます。風でランナーが揺れると根が伸びにくいので、軟らかい針金などでランナーのつけ根を軽く押さえておきましょう。

コンテナに植えるポット苗を得るには、肥料分を含まない配合土などを詰めた黒ポリポットで、ランナーの子苗を受けて発根させます。このときも菜園の場合と同様に、ポットとポットとの間隔をあけ、ランナーのつけ根を針金で押さえて発根させます。

親株床で発根した子苗は、親株とお互いランナーでつながっています。親株から2〜4番目の本葉が3〜5枚ついている子苗を選んで、8月末から9月上旬に、親株側のランナーを2㎝程度残して切り離し、掘り上げます。掘り上げた子苗は、仮植床にランナーの向きをそろえて植えつけます。

ポットに受けて発根させた苗も、本葉3〜5枚程度のものを、菜園の場合と同様に親株と切り離します。

Q イチゴ栽培の培養土や菜園の土としては、どのようなものが適しますか?

A 親株床は、ランナーが出る時期がちょうど梅雨期にあたるので、水はけのよい場所を選びます。ランナーの根が容易に土の中に伸びられるよう、軟らかく保水性の高い土壌が適します。

コンテナに親株を植える場合は、市販の野菜用培養土や、赤玉土60%、腐葉土30%、ピートモス10%の割合で混合したものを用います。子株を受ける育苗ポットの培養土も同じ配合としますが、この場合、肥料は入れません。

収穫用の苗を定植する菜園の土壌は、親株床や仮植床と異なり、水分や肥料を保ちやすい粘土分のやや多いものが適します。植えつける3〜4週間前に、完熟堆肥を1㎡当たり1.5〜2kg施し、土づくりをしておきます。

コンテナ栽培の培養土は、腐葉土などを多めに含む、水もちのよいものが適します。市販の元肥入り野菜用培養土や、赤玉土(小粒)60%、腐葉土30%、ピートモス10%の割合で混合したものを用います。

Q 春に咲くイチゴの花は、いつごろどんな環境条件でできるのですか?

A 一季なり性品種の場合、夏の高温と長日条件で育った苗が、秋になって気温が徐々に下がり、日長が短くなると、新しい葉を盛んにつくっていた成長点に花芽ができます。品種にもよりますが、15℃以下のかなり寒さを感じる場合は、温度条件だけで花ができます。15℃より高く、涼しいと感じるような気候条件では、日長が短いほど花がたくさんできます。

また、育苗期間中、チッ素肥料が効いていると栄養成長をしていますが、このチッ素を与えないように（チッ素中断）しても、花芽が早くできます。

しかし、注意したいのは、せっかくできた花芽を発育させるには、低温、短日、チッ素中断とは反対の条件、つまり高温、長日および高栄養がよいということです。早く確実に花をつけることも大切ですが、できた花芽をしっかり発育させることが大きな果実をたくさん収穫することにつながります。

Q **苗を畑に植えて育てました。春に花が咲きだしましたが、隣の株の中に隠れたり、畝の中のほうを向いてついているため日光に当たらず、色づきも悪くて収穫に苦労しました。来年また挑戦したいのですが、どうすれば防げるでしょうか？**

A イチゴの苗は、親株から伸びたランナーがついている側の反対側から花房が出てきます。

親株床で発根した子苗は、親株とお互いランナーでつながっています。これを切り離すときに親株側のランナーを２㎝程度残して目印とします。子苗側のランナーはつけ根から外します。

定植するときに、花が咲いて果実のなる向きを同じ方向にするため、目印に残しておいたランナーを畝の内側に向けて植えるようにします。菜園の条件によって東西に長い畝をつくったときは、花房が日のよく当たる南側に出るよう、目印のランナーを北向きにして植える場合もあります。

プランターなどを用いたコンテナ栽培では、菜園と同様に、目印のランナーが容器の内側を向くようにそろえて、浅めに植えます。

JBP-M.Fukuda

Q イチゴの花を早く咲かせて、早く収穫してみたいのですが、どんな方法がありますか?

A 家庭のコンテナ栽培でも、花を早く咲かせて果実を収穫したい場合は、ビニールの簡易温室などを利用して2月ごろから保温を行うと、開花を早めることができます。

イチゴは、寒さに比較的強いので、夜の最低温度を6~7℃に保つことができれば徐々に生育します。しかし、イチゴ農家のように冬中保温することはとてもできません。促成栽培を試みるときの実際の管理としては、畑やコンテナに植えつけ後は、十分に株を根づかせて厳しい冬の寒さに耐える株をつくっておきます。寒さがいちだんと増すとイチゴは休眠します。

品種により異なりますが、一般にイチゴは5℃以下の寒さに数百時間程度あうと休眠から覚めることが知られています。例えば'宝交早生）では、地域によって異なりますが、11月から1月まで休眠します。この休眠期間中にいくら保温しても、株は元気よく起きてはきません。簡易温室などで保温をする場合は、まず十分に寒さに当てて休眠から覚めたところで保温を行うのがポイントです。

Q イチゴは寒い冬の間、どのように管理したらよいですか？

A イチゴは寒さに強いので、露地の菜園やベランダのコンテナ栽培などでも特別な設備なしに冬越しさせることができます。しかし、いずれも凍るような寒さが続くと株が枯れてしまう場合があるため、最低限の防寒は必要です。

菜園の場合もコンテナ栽培の場合も、切りわらなどで株元まで土の表面を覆っておきます。

コンテナの場合は、北風が当たったり冷え込みが強くなったりする場所を避け、ベランダの壁際や南側の軒下など、日中は日光が当たり、夜は適度の寒さを感じる場所へ置きます。

イチゴは、5℃以下の寒さに一定の時間当たらないと休眠から覚めません。1月いっぱいは屋外で寒さに当てるとよいでしょう。早くから収穫しようと室内に入れたり、ビニールトンネルなどで保温すると、かえってよくない場合があるので注意してください。

Q ようやく花が咲いて果実がなりました。しかし、果実の形がでこぼこで、イチゴらしいきれいな形のものが収穫できません。なぜでしょう？　また、どのようにすれば形のよい果実ができますか？

A イチゴは、受粉しないと果実がならなかったり、形の悪いものになってしまいます。ふつう春になれば、ミツバチなどの訪花昆虫が花に止まって花粉を集めますから、このときに受粉して果実が大きくなります。イチゴの果実は果托が大きく発育したもので、その表面についている小さな粒々がタネです。受精して表面のタネがむらなく大きくなるときに、果托は形よく肥大します。

何かの原因で一部分の雌しべが受粉できなかった場合、そこにはタネができないので、果托は偏って肥大し、奇形の果実ができてしまいます。

農家では、ハウスの中でミツバチを放し飼いにして一花一花受粉させ、形のよい果実を実らせています。都会や簡易温室の中など、で訪花昆虫がいない場合は、柔らかい筆で開花した花の中をていねいにむらなくなでて、人工受粉を行いましょう。

Q 秋にイチゴの苗を買って、プランターに定植しました。植えつけたあと、すぐに新しい葉とともにランナーが伸びてきました。どうしたらよいでしょうか?

A イチゴのランナーは、寒さに十分当たった株が、昼間の長さが長くなり(長日)、温度が高くなり始めることで発生が促されます。季節では、収穫が終わりに近づく5~6月から夏の間によく発生します。

10月上旬に植えつけた苗は、クラウンの先端(成長点)に花芽ができていますが、その下には分化してまもない小さな葉と、夏の間生育がよかった苗ではランナー(わき芽)が分化しています。定植後、秋の暖かさで株が育ち新しい葉が伸び出るとともに、ランナーも葉腋から伸び出てきます。

しかし、イチゴのライフサイクルから見て、この時期のランナーは不要ですから、早めに摘み取ってください。

Q **イチゴの葉先が焼けたように縮れてしまいます。よく見ると蕾の萼《がく》の先端も茶色に枯れています。どうしてでしょうか?**

A イチゴの生育障害でよく見かけるものが、葉やランナー、萼などの先端部分が焼けたように茶色に枯れ込む症状で、「チップバーン」と呼んでいます。原因は、カルシウムの欠乏によるものといわれています。カルシウムが培養土や畑に少ないか、あっても水やり不足やその他の肥料成分との競合などで吸収できない場合に起こります。

これを防ぐには、定植前の元肥を施すときにカルシウムを十分与え、また、生育が盛んで乾燥するような時期には土を乾かさないよう、しっかり水やりを行います。夏の仮植床などでは遮光をして蒸散を抑えてやります。

苗を育てる時期にランナーの先端の枯れ込んだものは摘み取りますが、病気の発生が認められない葉や蕾はつけておいてもかまいません。

葉先に現れたチップバーン（カルシウム欠乏症）

矢部和則（やべ・かずのり）

1948年、愛知県生まれ。
静岡大学農学部卒業。現在、愛知県農業総合試験場園芸研究所育種研究室長。イチゴ、フキなど栄養繁殖性野菜のバイオテクノロジーによる無病苗の育成と増殖研究、および、イチゴ、トマト、メロンなど果菜類の品種改良を担当している。イチゴに関する著書に『イチゴ　一歩先をゆく栽培と経営』（共著、全国農業改良普及協会刊）がある。

表紙・カバーデザイン
　湯浅レイ子（ar inc.）
本文レイアウト
　森 綾／木田橋道子（ar inc.）
イラスト
　江口あけみ
撮影・写真提供
　福田 稔（f64写真事務所）
　成清徹也
　矢部和則
　川岸康司
　田中政信
　根本 久
　うすだまさえ
　アルスフォト企画
スタイリスト
　大田サチ
取材協力
　近藤守信
　愛知県農業総合試験場
編集協力
　耕作舎／ノムラ
校正
　安藤幹江

NHK趣味の園芸
よくわかる栽培12か月
イチゴ

2001（平成13）年11月15日　第1刷発行

著　者　矢部和則

発行者　松尾 武
発行所　日本放送出版協会
〒150-8081　東京都渋谷区宇田川町41-1
電話　03-3780-3312（編集）
03-3780-3339（販売）
http://www.nhk-book.co.jp
振替　00110-1-49701
印　刷　凸版印刷株式会社
製　本　凸版印刷株式会社

ISBN4-14-040180-X　C2361
Printed in Japan